高等学校教材

医学生物化学课程思政案例集锦

YIXUE
SHENGWU HUAXUE
KECHENG SIZHENG
ANLI JIJIN

曹蕾 主编

林佳 王莉 副主编

贺宝玲 何冰 参编

化学工业出版社

·北京·

内容简介

《医学生物化学课程思政案例集锦》通过"基础知识思政、专业知识思政、综合知识思政"三层次递进式内容的设置与人才培养目标中的知识目标、能力目标、素质目标相契合，充分整合、凝练，规划为三篇内容。"基础知识课程思政"篇分为民族复兴之路、引领人生之路及美好生活之路三章，根据课程性质和任务要求学习基础知识，掌握分析问题的理论方法，注重科学精神的塑造，深入浅出阐述新技术、新发展，为第二、第三层次学习做好思想和意识准备。"专业知识课程思政"篇分为诺贝尔奖之路、经典实验之路及马哲辩证之路三章，将专业知识系统化、实验与理论紧密化，为第三层次的学习夯实基础，在学习中强调职业素养（包括职业道德、职业技能、职业行为、职业作风和职业意识等）的训练，增加实践环节，主张科学认识来源于实践，实践是检验科学认识真理性的标准和认识发展的动力，重视学生动手能力的培养。"综合知识课程思政"篇分为实时求变之路及思辨质疑之路两章，选取课程综合性内容，通过项目任务构建以学生为主体、教师为主导的互动教学形式，激发学生学习兴趣和创新精神，提高其分析问题和解决实际问题的能力。

本书可供高等学校教学"医学生物化学"课程的师生参考。

图书在版编目（CIP）数据

医学生物化学课程思政案例集锦/曹蕾主编；林佳，王莉副主编．—北京：化学工业出版社，2023.3
ISBN 978-7-122-42670-3

Ⅰ.①医⋯ Ⅱ.①曹⋯②林⋯③王⋯ Ⅲ.①高等学校-思想政治教育-教案（教育）-中国 Ⅳ.①G641

中国版本图书馆CIP数据核字（2022）第245014号

责任编辑：陶艳玲　　　　　　　　　文字编辑：邓　金　师明远
责任校对：刘曦阳　　　　　　　　　装帧设计：史利平

出版发行：化学工业出版社（北京市东城区青年湖南街13号　邮政编码100011）
印　　装：三河市双峰印刷装订有限公司
787mm×1092mm　1/16　印张9½　字数234千字　2023年4月北京第1版第1次印刷

购书咨询：010-64518888　　　　　　售后服务：010-64518899
网　　址：http://www.cip.com.cn
凡购买本书，如有缺损质量问题，本社销售中心负责调换。

定　价：59.00元　　　　　　　　　　　　　　　　　版权所有　违者必究

前 言

高校的育人方向是德字当头，怎样全面做好立德树人工作是每位人民教师应当思考的问题。尤其是教师在授课过程中如何将思政元素融入课堂，使每个学科、每节课程都蕴含丰富的思想政治教育素材，既增强教学的趣味性，又达到育人的目的，需要深入思考。课程思政不是一门课，而是一种教育理念，就是把思想政治教育元素纳入专业课程体系中，打通全员育人的"最后一公里"，将价值塑造、知识传授与能力培养相融通，真正实现立德树人的润物无声。

华北理工大学基于"培养适应能力强、综合素质高的应用研究与创新型人才"办学定位，融合 OBE（outcome based education）教育理念与宽视野、厚基础、强技能、重临床的专业特色与目标，形成了"大医情怀、五育融合"引领下的点、线、面三维立体课程思政模型——立德三阶论。课程以线上线下相结合、课程思政融入探究活动为亮点，采取"知识讲授＋自主探究＋思政元素"相结合的方式，在课堂讲授中融入隐性思政元素，在疾病探究中体会医者情怀与担当，以科技创新和健康中国为主线、思维培养和医者素养为两个核心要素，建设思政元素、生活及疾病三个课程案例库，构建讲好中国故事、中国情怀、中国制造、中国精神四个中国系列模块，打造诺贝尔奖、经典实验、马哲辩证、引领人生、实时求变五条特色思政之路，实施课前、课中、自主探究、课后、实验实践及考核评价六个教学环节的特色教学设计，以专题形式撰写课程思政教学案例并汇编成册。

教学案例分为两部分，第一部分为教学设计，由知识点课程思政目标及课前、课中、课后课程思政教学设计内容构成，突出隐性与显性课程思政相统一；第二部分为思政案例的具体描述，通过思政导引、思政融入、反思提升三部分，优化教学内容，选择合适的教学方法，重构教学体系，真正通过案例的实施，结合人才培养特点与要求，融入丰富的德育元素，提升学生思考、分析并解决问题的能力，培养学生正确的世界观、人生观与价值观。

书中提供了 37 个自制的数字化资源，辅助教学和学习使用，读者可扫描二维码观看。作者团队还多方收集和筛选了部分学习视频，读者可自行在网络中搜索，作为教学辅助使用。

本书是在华北理工大学教学建设委员会五育建设专门委员会的整体谋划、设计、指导下完成的课程思政类教材，旨在充分发挥课程的德育功能，落实立德树人的根本任务，寓价值观引导于知识传授和能力培养之中，使专业教育与立德树人深度融合，将思政之"盐"溶入课程之"汤"，充分挖掘课程所蕴含的思政教育元素，提炼各课程中蕴含的思政教育资源、文化价值与育人元素，打造"一课一德"，使各类课程与思政课程同向同行,践行"门门课程有思政""教师人人讲育人",提高课堂教学效果和质量,提升学生学习热情和成效,构建全员、全过程、全方位育人格局。

本书第一篇中的第一章第三节、第二章第二节和第三节、第三章第二节、第三节和第五节,第二篇中的第一章第四节、第二章第五节、第三章第一节、第四节、第五节和第六节,以及第三篇第一章由林佳编写;第一篇中的第一章第二节、第二章第四节~第七节、第三章第四节,第二篇中的第一章第一节、第二章第三节、第三章第二节和第三节由王莉编写;第一篇中的第一章第一节,第二篇中的第一章第二节、第三节和第五节、第二章第一节、第二节和第四节由何冰编写;第一篇中的第二章第一节和第三章第一节以及第三篇第二章由贺宝玲编写。全书由曹蕾整体设计和统稿。

本书在编写过程中,得到了华北理工大学教务处和生命科学学院老师们的热情帮助,在此谨向他们表示诚挚的感谢!

由于作者水平有限,书中难免存在一些不足之处,期望广大读者批评指正。

编者

2022 年 11 月

目录

001 第一篇 基础知识课程思政

第一章 民族复兴之路 // 2
第一节 世界壮举——首次人工合成结晶牛胰岛素 // 2
第二节 科学无国界——人类基因组计划 // 5
第三节 科学公仆——吴宪 // 8

第二章 引领人生之路 // 11
第一节 是金子总会发光——酶原的激活 // 11
第二节 人生十字路口的选择——乙酰辅酶 A 的去路 // 13
第三节 努力付出，终有回报——无氧酵解产能过程 // 19
第四节 物竞天择，适者生存——基因的表达调控 // 22
第五节 团结就是力量——真核生物转录的起始 // 25
第六节 不经历风雨，怎么见彩虹——真核生物 mRNA 加工 // 28
第七节 张弛有度——酶的调节 // 30

第三章 美好生活之路 // 33
第一节 小蛋白，大作用——蛋白质的理化性质 // 33
第二节 良性竞争，争取进步——酶的竞争性抑制 // 36
第三节 机会青睐有准备的人——DNA 修复 // 39
第四节 正视问题、及时修复——DNA 的损伤因素 // 42
第五节 三大营养物质代谢的共同通路——三羧酸循环 // 45

049 第二篇 专业知识课程思政

第一章 诺贝尔奖之路 // 50
第一节 双螺旋的魅力——DNA 的二级结构 // 50
第二节 志同道合的伙伴——Cori 循环 // 53
第三节 科学的传奇——蛋白质的一级结构 // 56

第四节　酶的情人——酶的本质　// 60
　　第五节　丑小鸭变为白天鹅——化学渗透学说　// 65

第二章　经典实验之路　// 69
　　第一节　人类的生物学语言——密码子　// 69
　　第二节　源于染料的抗菌药——酶的可逆性抑制作用　// 74
　　第三节　镰刀型细胞贫血病的发病机制——蛋白质结构
　　　　　　与功能的关系　// 78
　　第四节　DNA 的使命——肺炎双球菌转化实验　// 82
　　第五节　地震中奇迹生还的"猪坚强"——脂肪酸的
　　　　　　β 氧化　// 85

第三章　马哲辩证之路　// 91
　　第一节　矛盾的对立统一性——血糖的来源与去路　// 91
　　第二节　矛盾的对立统一性——蛋白质的变性与复性　// 95
　　第三节　无规矩不成方圆——DNA 复制的基本特征　// 98
　　第四节　透过现象看本质——端粒与端粒酶　// 100
　　第五节　量变与质变的关系——DNA 突变　// 105
　　第六节　牵一线而动全身——真核生物 mRNA 加工　// 108

113 ✚ 第三篇　综合知识课程思政

第一章　实时求变之路　// 114
　　第一节　吃出来的富贵病——痛风的发病机制　// 114
　　第二节　燃烧你的卡路里——脂肪动员　// 116

第二章　思辨质疑之路　// 120
　　第一节　健康中国，你我同行——糖尿病生物化学机制
　　　　　　探究　// 120
　　第二节　小小磺胺，威力无穷——磺胺类药物抑菌生物化学机
　　　　　　制探究　// 124
　　第三节　肝脏能量输出贡献者——酮体的生成与利用机制探究
　　　　　　// 127
　　第四节　代谢之中，生命之重——氨中毒生物化学机制探究
　　　　　　// 130
　　第五节　突出重围，传播正能量——氧化磷酸化抑制因素的作
　　　　　　用机制探究　// 136
　　第六节　一个好汉，三个帮——操纵子学说作用机制
　　　　　　探究　// 141

参考文献　// 146

第一篇
基础知识课程思政

+ 第一章 ▶ 民族复兴之路
+ 第二章 ▶ 引领人生之路
+ 第三章 ▶ 美好生活之路

第一章
民族复兴之路

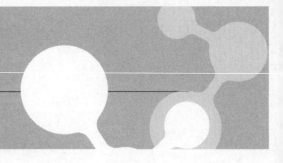

第一节 世界壮举——首次人工合成结晶牛胰岛素

第一部分 教学设计

一、课程思政目标

通过对中国科学家实现人工合成结晶牛胰岛素事例的学习,使学生树立正确的价值观和世界观,培养学生不畏艰辛的科学探索精神,拥有远大科学理想和深厚的家国情怀。

二、教学设计内容

(一)课前:课程思政引入

以问激思:以提问互动形式引入课程,感受中国力量,增强民族自豪感和自信心。

(二)课中:课程思政贯穿授课过程

感同身受:通过对人工合成牛胰岛素历程的学习,使学生感悟科学家们的精神品格,向科学家们学习,树立正确的人生观和价值观。告诫学生面对困难应积极思考,树立战胜困难的决心和信心,树立科学理想,勇于创新。

(三)课后:课程思政总结反思

润物无声:通过课堂学习,讲科学故事、感科学精神、树科学理想,使思政元素同教学过程相契合,实现课程思政目标的达成。

第二部分 思政案例

一、思政导引

在庆祝新中国成立70周年之际,中央党史和文献研究院编写了《中华人民共和国大事记(1949年10月—2019年9月)》,书中记载了在1965年9月17日中国在生物学领域所取得的重大成就,从而引出世界上首次人工合成结晶牛胰岛素内容。

这一载入史册的成就,世界上第一个人工合成的蛋白质——牛胰岛素,是在中国诞生的。人工合成结晶牛胰岛素具有与天然胰岛素分子相同的化学

数字资源1:
蛋白质的
一级结构

结构和完整的生物活性,标志着人工合成蛋白质时代的开始,这一由中国科学家们所完成的世界壮举,是生命科学发展史上的一个重要里程碑。

二、思政融入

1. 理论讲授

蛋白质一级结构——以"人工合成牛胰岛素"为例。

掌握蛋白质的一级结构是理解蛋白质结构、作用机制以及生理功能的必要基础。蛋白质一级结构的测定方法最早由英国化学家弗雷德里克·桑格(Frederick Sanger)发明。他在1952～1953年测定了牛胰岛素分子的完整氨基酸序列,这是科学家对蛋白质一级结构的第一次测定,桑格也因此荣获了1958年的诺贝尔化学奖。牛胰岛素分子是一个双链分子,有A和B两条多肽链,A链由21个氨基酸残基组成,B链由30个氨基酸残基组成,两条链通过两对链间二硫键连接形成双链,A链本身还有一对链内二硫键(见图1-1-1)。

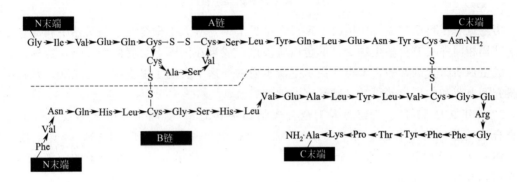

图1-1-1 牛胰岛素的一级结构

恩格斯曾经说过,"生命是蛋白质的存在形式",人工实现蛋白质的合成是在对生命奥秘的探索上前进了一大步。在桑格完成对牛胰岛素的一级结构测定之后,如何实现蛋白质的人工全合成仍是非常困难的工作。Nature 在评论文章中谈到"人工合成胰岛素还有待于遥远的将来",而中国的年轻科学家们决定面对这一挑战。1958年,中国科学院上海生物化学研究所的科研人员最早提出研究"人工合成胰岛素"这一意义重大、难度很高的科研项目。1959年,该项目被列入国家科研计划,并获得国家机密研究计划代号"601",意为"六十年代第一大任务"。

该项目立项后,组建科研团队,确定研究方向,克服重重困难,从头开始,各项工作有序展开。首先建立了氨基酸的生产工艺,保证了研究过程中氨基酸的供应。1961年10月,对天然牛胰岛素的拆分与重组研究的成果论文发表,并进一步摸索条件,将天然牛胰岛素A、B链重组生成胰岛素的产率提高到50%左右。进而确定了先分别合成A、B两条链,然后进行组合的全合成牛胰岛素的研究策略。

牛胰岛素的合成主要由三个单位协作完成。中国科学院上海有机化学研究所和北京大学化学系的联合研究小组负责A链的合成,中国科学院上海生物化学研究所负责B链的合成和两条肽链的组合。1965年9月17日,科学家在显微镜下看到了人工合成牛胰岛素的结晶(见图1-1-2),其结晶性状和酶切图谱与天然胰岛素相同。随后通过以小鼠作为测试对象的结果，成功证明了人工合成牛胰岛素拥有天然胰岛素的生物活性。这一重要科学研究成果先以简报形式在 1965 年 11 月发表，并于 1966 年 4 月进行了全文发表。

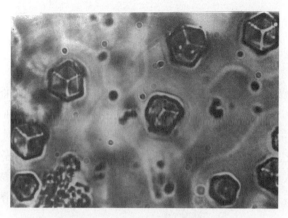

图 1-1-2　人工合成结晶牛胰岛素

历经近七年科研攻关，中国科学家们在世界上第一次人工全合成了与天然牛胰岛素分子化学结构相同并具有完整生物活性的蛋白质。这一成果在国际上引起巨大反响，这标志着人工合成蛋白质时代的开始，人类在揭示生命本质的征途上实现了里程碑式的飞跃，是我国前沿研究的典范和中国自然科学基础研究的重大成就。

2015 年 9 月 17 日，为纪念人工全合成结晶牛胰岛素 50 周年，中国邮政发行了《人工全合成结晶牛胰岛素五十周年（1965—2015）》纪念邮票（见图 1-1-3），全套 1 枚。票面主体图案为显微镜下的人工全合成结晶牛胰岛素，背景为胰岛素分子的一级结构图、实验用具和发表的论文。

图 1-1-3　《人工全合成结晶牛胰岛素五十周年（1965—2015）》纪念邮票

2. 温润心灵

人工全合成结晶牛胰岛素的成功体现了中国科学家浓浓的家国情怀，无私奉献、严谨求实、协同创新的科学精神和艰苦奋斗、追求卓越、敢为人先的民族气概。使学生充分感悟科学家们的精神品格，向科学家们学习。

鼓励学生突破自我，树立正确的人生观。教育学生不要把眼光局限在自己研究的领域内，科学的发展向来是博采众长、包容并进的，只有广泛吸收并消化不同领域的成果，才可能取得更大的科研发现。启示学生，遇到困难，要多动脑筋、积极思考，找出解决问题的办法，树立战胜困难的决心和信心。

此外启示学生，只有把核心技术掌握在自己手中，才能真正掌握竞争和发展主动权，才能从根本上保障国家经济安全、国防安全和其他安全。只有拿起科学武器，勇于创新，才能振兴国家，实现中华民族伟大复兴的中国梦。

三、反思提升

通过"理论讲授＋主题讨论"的形式，让学生更容易理解"人工合成牛胰岛素"具体背景、过程和意义，激发学生爱国情怀，培养学生探索未知的科学精神，勇于担当民族复兴的重任。

第二节 ⊃ 科学无国界——人类基因组计划

第一部分　教学设计

一、课程思政目标

通过介绍人类基因组计划的过程及意义，培养学生分析问题、解决问题的创新思维；通过介绍人类基因组计划中的中国成就，培养学生的民族自豪感和爱国精神。

二、教学设计内容

（一）课前：课程思政引入

启发驱动：讲授绪论时，自然引入生物化学发展前沿领域的重大课题——人类基因组计划及中国参与的1‰工作。通过介绍20世纪人类科技发展史上的三大壮举：曼哈顿计划、阿波罗计划以及人类基因组计划，启发学生，让学生认识科学的飞速发展给我们的生活带来日新月异的变化，培养学生勇于探索未知的科研精神。

（二）课中：课程思政贯穿授课过程

拓展延伸：通过人类基因组计划的讲解，让学生了解中国是作为参与这一研究计划的唯一发展中国家，从工作量上看，1‰并不算大，但却意义深远。我们国家正是在此基础上，培养了第一批自己的生物信息学和基因组学方面的人才，并因此带动了我国基因组学发展。华大基因和深圳国家基因库的科学家还参与了"地球基因组计划"（可称为生物登月计划）的研究，并承担了重要任务。这些向世界证明：只要目标集中、措施有力，中国科学家有能力参与国际重大科技合作研究，跻身于国际生命科学前沿，并做出重要贡献。

（三）课后：课程思政总结反思

小组讨论：布置线上讨论，通过探讨"人类基因组计划给我们的生活带来了哪些影响？"话题，使学生们认识到"科技兴则民族兴，科技强则国家强"，只有学好生命科学知识，掌握科学研究武器，才能担起"少年强则国强"的使命。

第二部分　思政案例

一、思政导引

生物化学的历史非常久远，20世纪80年代以来，特别是人类基因组计划的开展，促进了生物化学的飞速发展，其规模和研究对象已经有了鲜明的学科特色。生物并非只是物质的简单堆积，生物体的生长发育是生命信息控制之下复杂而有序的过程。

二、思政融入

（一）20世纪人类科技发展史上的三大创举

1. 理论讲授

（1）曼哈顿计划：人类历史上不断进行着能量转化技术的进步，这就是能源革命，能源革命促使了人类文明的跃进。20世纪40年代，能源利用的革命，从以煤、石油为主的能源开发转到核能的开发。1942年6月，美国陆军部实施利用核裂变反应，于1945年7月16日成功进行了世界上第一次核爆炸，整个计划取得圆满成功。至此，人类世界的能源利用形式发生变化，正式进入原子时代。

（2）阿波罗计划：该计划是美国在20世纪60年代组织实施的一系列载人登月飞行任务，目的是实现载人登月飞行和对月球的实地考察，为载人行星飞行和探测进行技术准备，是世界航天史上具有划时代意义的一项计划。

（3）人类基因组计划：该计划是一项规模宏大、跨国跨学科的科学探索工程，绘制人类基因组图谱，开启在分子水平上最彻底的研究革命。通过该计划解码生命的遗传规律，了解生命起源，探索生命体生长发育特征，认识种属之间和个体之间存在差异的起因，认识疾病产生的机制以及长寿与衰老等生命现象，为疾病的诊治提供科学依据。

2. 温润心灵

通过介绍人类基因组计划，构建人类科技发展体系结构，让学生了解科学离我们很近，增强学生的社会责任感、创新精神、实践能力，帮助学生树立科学的价值观，使学生努力成为德、智、体、美、劳全面发展的社会主义建设者和接班人。

（二）人类基因组计划的诞生及过程（见图1-1-4）

1. 理论讲授

人类基因组计划是由美国科学家于1985年率先提出的，于1990年正式启动。美国、英国、法国、德国、日本和我国科学家共同参与了此计划。这一计划旨在测出人类基因组DNA的30多亿个碱基对的序列，对人类基因组精确测序，发现所有人类基因并搞清其在染色体上的位置，破译人类全部遗传信息。

在人类基因组计划中，还包括对五种生物基因组的研究：大肠杆菌、酵母、线虫、果蝇和小鼠，它们被称为人类的五种"模式生物"。

人类基因组计划从提出到实施，历经了五年的争论，在1990年开始实施，2003年完成。

2. 温润心灵

通过介绍人类基因组计划的诞生及实施过程，使学生了解到坚持真理的重要性，培养学

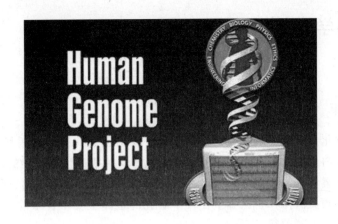

图 1-1-4 人类基因组计划

生不怕困难、坚持探索和实事求是的科研精神。

(三) 人类基因组计划中的中国贡献

1. 理论讲授

1999年9月，中国积极加入这一研究计划，负责测定人类基因组全部序列的1%，也就是三号染色体上的三千万个碱基对，中国因此成为参与这一研究计划的唯一发展中国家。

从工作量上看，百分之一并不算大，但却意义深远。通过参与这一国际合作，中国分享了之前十年人类基因组计划积累的技术与资料，并建立了中国自己的基因组大规模测序的全套技术及科学技术队伍，为中国后来生物资源基因组研究奠定了基础。

据悉，在参与这一计划的六个国家中，我国虽然参与时间最晚，但其基因组测序能力已经超过早期加入的法国和德国，名列第四。

2. 温润心灵

通过介绍人类基因组计划中的中国成就，进一步重塑学生的民族自信，培养他们的爱国情怀。

一方面让学生体会到具有世界领先水平重大原创科技成果取得的艰辛和不易，另一方面让学生了解中国有能力跻身于国际生命科学前沿。

三、反思提升

布置线上拓展思考题：人类基因组计划给社会经济带来哪些重要影响？利用人类基因组的研究成果，科学家将更好地进行分子生物学、遗传学、进化学等学科的研究；药物学家将更快地设计出更适合于疾病治疗的基因组药物；生物工程学家将开发出更多的人类基因工程产品。

学生通过线上参与主题讨论，理解人类基因组计划给社会、经济带来的巨大影响，了解其目的是解码生命，了解生命的起源和生命体生长发育的规律，认识种属之间和个体之间存在差异的起因，认识疾病产生的机制以及长寿等生命现象，为疾病的诊治提供科学依据。

第三节 科学公仆——吴宪

第一部分 教学设计

一、课程思政目标

介绍中国生物化学之父——吴宪在艰苦年代,参与创建北京协和医科大学生物化学系,在世界上提出了蛋白质变性机理,并培养了一批人才,为我国生物化学的发展做出了重要贡献的事迹。通过本案例学习,培养学生学习我国老一辈科学家求真务实、积极探索的科学精神以及热爱祖国的高尚情操,告诫学生在科学研究的道路上要不畏艰险,坚持正义和真理,在科学探索的道路上不断前行。

二、教学设计内容

(一)课前:课程思政引入

以问激思:以"生鸡蛋与熟鸡蛋"话题讨论引入课程内容,引发学习兴趣,培养学生提出问题、解决问题的能力,培养创新意识和科学思维。

(二)课中:课程思政贯穿授课过程

感同身受:通过对生化学家吴宪提出的蛋白质变性内容的介绍,培养学生不畏困难、寻找真理的科学精神及注重团结协作、诚信奉献的品格。通过对相关资料的查阅及线上讨论的展开,培养学生严谨的科学思维和分析、归纳、总结问题的能力。

(三)课后:课程思政总结反思

润物无声:通过蛋白质变性理论提出的背景、过程、要点等内容的理论讲授,将立德树人融入每个教学环节,培养人,塑造人,实现课程思政目标。

第二部分 思政案例

一、思政导引

通过写真地理杂志上"熟鸡蛋变生鸡蛋"论文伪科学事件为话题进行讨论,引起学生兴趣并提出问题"鸡蛋煮熟后蛋白质会变性,还有营养吗?还是蛋白质吗?"引发学生思考,引出蛋白质变性理论的内容。

二、思政融入

(一)吴宪教授生平介绍

1. 理论讲授

吴宪教授早年留学美国,获哈佛大学博士学位,1920~1942年任现北京协和医学院教授。他一生作出了多方面的贡献,在国际生化学界也颇有影响,开拓并奠定了现代中国生物化学学科的基础,其中最重要的无疑是关于蛋白质变性的理论。

2. 温润心灵

通过讲解，告诫学生在科学研究道路上只有思想敏锐、见识深邃、敢于探索，才能抓住问题实质，迅速及时把握国际研究前沿工作，进行高水平研究。激发学生爱国主义情感。以吴宪为代表的中国科学家们正是不断创新、艰难探索，才能在中华民族复兴之路上做出巨大贡献。

(二) 蛋白质变性研究的提出

1. 理论讲授

当时，国际上对蛋白质变性认识不足，把变性与沉淀、聚集、絮凝等现象混为一谈。吴宪教授在实验研究基础上区分了这些现象，并提出蛋白质变性的特征：①可由不同因素所引起；②易于发生；③分子量不变；④不发生化学变化；⑤一般为单分子反应；⑥变性速度受氢离子浓度影响；⑦变性后有酸碱结合能力的变化；⑧变性后较易被胰蛋白酶水解；⑨抗原行为发生变化；⑩黏度发生变化。

吴宪教授又讨论了天然蛋白质的结构特征，指出天然蛋白质分子的可结晶性、生物学行为的特异性和生命物质的有组织性；并根据蛋白质溶液的特征，包括在水溶液表面的分散、表面张力、超离心沉降时的摩擦系数、流动双折射等物理性质，指出天然的可溶性蛋白质分子为由次级键所维系的紧密晶态分子结构，但易被各种物理或化学的力量所破坏。变性是天然蛋白质的无序化，由有序的紧密结构转变为无序的、散漫的、可运动的开放性链状分子。

他在论文的中文摘要中写道："天然蛋白质之分子，因环境种种之关系，从有程序而坚密之构造，变为无秩序而散漫之构造，是为变性作用。"应该指出，在1931年，蛋白质中的肽键结构尚未被普遍接受，最早的蛋白质结晶才不过刚刚完成，吴宪教授提出的蛋白质变性理论，在思想上超前于他所处的时代，现今在世界范围内被广泛接受。

2. 温润心灵

蛋白质的变性理论是中国吴宪的首创，是当前国际上蛋白质变性和蛋白质折叠研究的基础。通过讲解，让学生懂得求学问要探索真知，做实验要力求真实，人生要始终追求真理。科学研究的道路需要审问、慎思、试验、明辨、笃行，这是科学家们一生的追求，也是科学研究的真谛。

3. 拓展延伸

在线上进行互动讨论（见图1-1-5），深入掌握蛋白质变性知识点，并运用理论知识进行应用的拓展实践，提升学生解决和分析问题的能力。

(三) 营养学的研究

1. 理论讲授

吴宪教授热爱祖国，以科学家的眼光关注国家前途和人民生活的疾苦。他研究营养问题就是为了解决当时中国人的营养不良问题，希望能有助于提高中国人的身体素质。从1927年起，吴宪教授对素膳进行了一系列研究，他用大鼠传种数十代，观察纯素膳与荤素膳的营养价值，比较其对大鼠生长、生殖、基础代谢、自发性活动及寿命的影响。研究结果显示我国一般国民体格矮小的原因是由于所吃的素膳蛋白质生物学价值低，钙和脂溶性维生素的成分较少。他以充分的实验结果，批判了西方人认为亚洲人体格矮小是遗传的，是不能改变的

图 1-1-5　线上话题讨论

错误观点,也驳斥了西方人污蔑中华民族的生理结构只适于素食的谬论。根据当时国情,为了维持国民身体健康,1938年他主持制定了《中国民众最低限度之营养需要》标准,并首次对我国食物进行了系统分析,编写了《食物成分表》。

2. 启迪思考

吴宪教授心系祖国、热爱人民,他在营养学方面的研究并非单纯为了学术上的探讨,而是从国内生产落后的实际出发,试图改进国民膳食结构,提高国民的营养水平,增强国民体质。

3. 温润心灵

吴宪教授认为当时中国人的饮食营养不足,导致国民体弱多病,这是国家积弱积贫的重要原因之一,因此复兴民族首先要从改良中国人的膳食结构入手。这一问题的提出及其在实践过程中遇到的困境,背后是吴宪等老一辈科学家执着的努力与探索,告诫学生在科学研究的道路上要不畏艰险、坚持正义和真理,在科学研究的道路上不断前行。

三、反思提升

通过对吴宪教授在生物化学领域贡献的学习,培养学生的探究精神、创新精神和科学思维,及注重团结协作、诚信奉献的品格。通过线上推送的相关资料及线上讨论的展开,培养学生严谨的科学思维以及分析、总结、归纳问题的能力。

第二章
引领人生之路

第一节 ➡ 是金子总会发光——酶原的激活

第一部分 教学设计

一、课程思政目标

通过讲述酶原激活的过程激励学生，使学生认识到是金子总会发光的。每个人降临在这个世界上，本身就存在各种各样的差异，这是无法避免的，但是如果我们努力进取，是可以改变的，只要用心，总有一天我们也能走到理想的彼岸，也能为社会做出自己的贡献。

二、教学设计内容

（一）课前：课程思政引入

理论实践：从临床重症疾病急性胰腺炎病例导入课程，通过介绍疾病的发生、症状及诊断与治疗，提高学生注意力，引出酶原激活的知识点。让学生们认识到急性胰腺炎需要及时诊断治疗，才可以阻止病情进一步发展，才能挽救重症患者的生命。让同学们通过大学二年级对《生物化学》中"酶的调节"的学习，将基础理论知识与临床实践应用相结合，为临床专业课的学习打下良好的基础。

（二）课中：课程思政贯穿授课过程

启发驱动＋感同身受：以临床疾病为主线，以物质代谢为网络，以酶原激活为贯穿，将课堂讲授的酶原激活与急性胰腺炎的常见病因及其发病机制相结合。学习过程中，小组成员团结协作，通过讨论互助，了解酶原激活的本质是酶的活性中心暴露，也更进一步认识到酶原激活的意义。在这个过程中，除了培养学生的大局意识、协作精神和服务精神，也让学生意识到背后的努力终归能迎来自我价值的实现，作为新时代的大学生要勤奋努力、踏实肯干，为今后的工作奠定良好的基础。

（三）课后：课程思政总结反思

互动讨论：布置拓展任务，让学生深刻体会到在困境中要自我沉淀，在逆境中要奋勇拼搏，体会中国精神，感受中国力量，实现自我价值。

第二部分 思政案例

数字资源2：
酶原的激活

一、思政导引

向同学们介绍一例急性胰腺炎临床病例引出知识点（见图1-2-1）——酶的调节，引导同学们思考：什么是急性胰腺炎？急性胰腺炎与其他疾病如何鉴别？急性胰腺炎如何诊断治疗？急性胰腺炎与酶的调节有何关系？什么是酶的调节？酶有哪些调节方式？

> **临床病例**：患者李某某，男，43岁。缘于2天前晚上饮酒，洗澡后第二天早晨出现左侧胸部、上腹部及左腰部疼痛，呈胀痛，以深呼吸、手臂上举、平卧时为重。2小时前疼痛加剧，咳嗽、深呼吸、手臂上举时感觉刀扎样剧痛，疼痛时出汗，不易忍受，疼痛部位以左腰部为重。不能平卧，不能左侧卧位。
> **体检**：T 37.5℃，腹稍膨隆，未见肠形及蠕动波，按压上腹时左腰部疼痛加剧，腹部其他部位无压痛及反跳痛。左侧胸部、背部及左腰部叩痛明显，以左腰部为剧。
> **辅助检查**：血淀粉酶、尿淀粉酶均异常。
> **初步诊断**：急性胰腺炎。

图1-2-1 急性胰腺炎病例

二、思政融入

（一）酶原需要通过激活过程才能转变为有活性的酶

1. 理论讲授

有些酶在细胞内合成、初分泌或在其发挥催化功能前处于无活性状态，这种无活性酶的前体称作酶原。在一定条件下，酶原向有催化活性的酶的转变过程称为酶原的激活。酶原的激活大多是经过蛋白酶的水解作用，去除一个或几个肽段后，导致分子构象改变，从而表现出催化活性。酶原激活实际上是酶的活性中心形成或暴露的过程。例如，胰蛋白酶原进入小肠后，在 Ca^{2+} 存在下受肠激酶的作用，第6位赖氨酸残基与第7位异亮氨酸残基之间的肽键断裂，水解掉一个六肽，分子构象发生改变，形成酶的活性中心，从而成为有催化活性的胰蛋白酶（见图1-2-2）。

2. 温润心灵

酶原在没有被激活时只是酶的储存形式，无活性，只有被激活才能发挥活性，这就如同有的人总会抱怨命运对自己不公平，抱怨自己没有惊为天人的美貌，没有过目不忘的本领，往往抱怨的人都是因为没有发现自己的闪光点。每个人经过努力都会像酶原的激活一样，是金子一定能发光的。

（二）酶原激活的生理意义

1. 理论讲授

消化道蛋白酶以酶原形式分泌可避免胰腺的自身消化和细胞外基质蛋白遭受蛋白酶的水

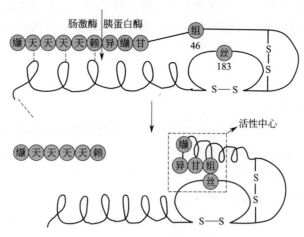

图 1-2-2　胰蛋白酶原的激活过程

解破坏，同时还能保证酶在特定环境和部位发挥其催化作用。生理状况下，血管内的凝血因子以酶原形式存在，不发生血液凝固，可保证血流畅通。一旦血管破损，一系列凝血因子被激活，凝血酶原被激活生成凝血酶，后者催化纤维蛋白原转变成纤维蛋白，产生血凝块以阻止大量失血，对机体起保护作用。

2. 拓展延伸

有些患有胆管炎症、结石病的人和长期酗酒的人在劳累、暴饮暴食等情况下，出现胰酶在胰腺的腺上皮内被激活而产生胰腺自我消化的情况，导致很多消化酶如淀粉酶、脂肪酶、磷脂酶等被激活而消化胰腺本身，引起胰腺组织的水肿、出血，严重时可出现坏死，以上腹部剧烈疼痛为其主要症状。结合临床病例进行课堂讲授，不只是为了激发学生学习生物化学知识的兴趣，同时也希望引导学生多读书、深思考、善提问、勤实践，将学到的科学知识传递给家人，进而传导到大众。

三、反思提升

拓展思考题（线上讨论）：糖、脂肪、蛋白质在代谢过程中如何通过酶的调节相互联系、相互制约？急性胰腺炎的病因有哪些？急性胰腺炎的发病机制如何？

本知识点的内容为酶原的激活，以临床病例导入为线索，在知识讲授过程中将关爱患者、战胜苦难、创新拼搏等思政元素贯穿其中，将知识传授与价值引领相结合，达到知识目标与思政目标同向同行、同频共振。

第二节　人生十字路口的选择——乙酰辅酶 A 的去路

第一部分　教学设计

一、课程思政目标

通过线上线下、多元化的教学形式和方法的应用，对乙酰辅酶 A 的代谢去路及相互代谢网络进行详细学习，将医学人文精神渗透到课程教学中，培养卓越医学人才；将充满正能量的主流价值观传递给学生，将科学育人与学科育人相结合，将医者使命感与医学价值观相结合，在潜移默化中实现育人效果内化于心、外化于行。

二、教学设计内容

（一）课前：课程思政引入

以习近平总书记对广大青年的寄语引起同学们对未来人生道路选择的讨论，引入"乙酰辅酶A分子也要面临人生之路的选择"的课程内容，并引申为人既要敢于取，也要敢于舍。取是一种选择，舍是一种精神。

（二）课中：课程思政贯穿授课过程

通过对乙酰辅酶A代谢去路的学习，培养学生的探究精神、创新意识和科学思维以及注重团结协作、诚信奉献的品格。通过对相关资料的查阅及线上讨论的展开，培养学生严谨的科学思维能力和分析、归纳、总结问题的能力。

（三）课后：课程思政总结反思

通过课堂学习和线上讨论，总结归纳不同条件下不同部位中乙酰CoA生成不同代谢物质的过程和特点，让同学们认识到人生的取舍可能面临不同的结局。学会取舍是人生重要的内容，正确处理好了取舍问题，才能赢得美好的人生。

第二部分 思政案例

一、思政导引

引入话题讨论：青春话别念桑梓，壮志凌云展未来。2020年7月，在中国石油大学（北京）克拉玛依校区内，温情、温馨、温暖的氛围充盈着校园的每一个角落。这一天，学校毕业生们收到了一个令人振奋的消息：习近平总书记给他们回信了！总书记在回信中说："得知你们118名同学毕业后将奔赴新疆基层工作，立志同各族群众一起奋斗，努力成为可堪大用、能担重任的西部建设者，我支持你们作出的这个人生选择。"通过讨论，鼓励学生志存高远、脚踏实地，不畏艰难险阻，勇担时代使命，把个人的理想追求融入党和国家的事业之中，为党、为祖国、为人民多作贡献。

二、思政融入

（一）乙酰辅酶A进入三羧酸循环

（1）互动提问：乙酰辅酶A可以由哪些代谢物质产生？

1932年，Hans Krebs与其同事共同发现了脲循环，阐明了人体内尿素生成的途径。1937年他发现了柠檬酸循环（又称三羧酸循环或克雷布斯循环）（见图1-2-3）。克雷布斯的研究主要涉及细胞代谢的各个方面，这一发现被公认为代谢研究的里程碑。

三羧酸循环的生物学意义可以分为两方面论述，即能量代谢和物质代谢。

① 三羧酸循环是机体将糖或其他物质氧化而获得能量的最有效方式。在糖代谢中，糖经此途径氧化产生的能量最多。

② 三羧酸循环是糖、脂肪、蛋白质，甚至核酸代谢联络与转化的枢纽。三羧酸循环是

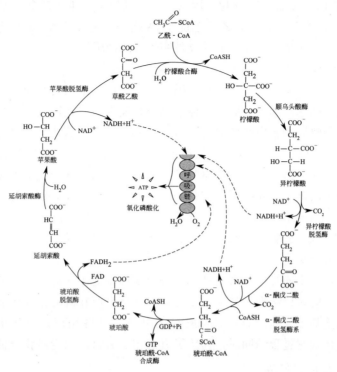

图 1-2-3 三羧酸循环

联系三大物质代谢和能量代谢的枢纽。

（2）温润心灵：向同学普及著名生化学家克雷布斯的伟大之处，他在 32 岁时发现了生成尿素的鸟氨酸循环，在 37 岁时又发现了重要的三羧酸循环。三羧酸循环的重要之处还在于，三羧酸循环不仅是葡萄糖在体内彻底氧化供能的途径，也是脂肪、氨基酸在体内氧化的共同途径，它也是三大营养物质在代谢上相互联系、相互转变的途径。他的业绩也以另一个角度告诉学生，要珍惜年轻的时光，在探索人类生命奥秘的征途上，年轻的科学家也是一支生力军。

（二）乙酰辅酶 A 合成酮体

（1）温故知新：前面所学的代谢过程中有哪些是在线粒体中进行的？

（2）主题讨论：通过提问"学生本人或身边是否有具有生酮饮食习惯的人"，与学生互动，提高学生的课堂参与度。日常生活中为了减肥，的确存在具有生酮饮食习惯的人。这些人认为生酮饮食能够使机体更容易耗尽体内的葡萄糖，使机体通过消耗脂肪来为生命活动提供能量，最终达到减脂、减肥的目的。

（3）问题驱动＋知识拓展：据此设定疑问，通过生酮饮食减肥是否科学？

（4）温润心灵：在课堂导入中，通过引入热点话题的方法，激发学生的独立批判意识。批判性思维是创新型人才的必备素养，是培养大学生创新精神和锻造创新能力的基础条件。具备批判性思维有助于大学生形成良好的思维模式，主动地发现问题、分析问题、解决问题，从而激发出新的认识、新的观点。

（5）具体过程：酮体是在肝细胞线粒体中生成的，其生成原料是脂肪酸 β 氧化生成的乙酰 CoA。

① 两分子乙酰 CoA 在硫解酶作用下脱去一分子辅酶 A，生成乙酰乙酰 CoA。

② 在 HMG-CoA 合酶催化下，乙酰乙酰 CoA 再与一分子乙酰 CoA 反应，生成 HMG-CoA，并释放出一分子辅酶 A。这一步反应是酮体生成的限速步骤。

③ HMG-CoA 裂解酶催化 HMG-CoA 生成乙酰乙酸和乙酰 CoA。线粒体中的 β-羟丁酸脱氢酶催化乙酰乙酸加氢还原，生成 β-羟丁酸，少量乙酰乙酸可自行脱羧生成丙酮。

（6）课程回顾＋问题驱动：肝脏是人体的物质代谢枢纽，在饥饿、禁食、生酮饮食、糖尿病等条件下，可导致肝细胞中脂肪酸的 β 氧化增强，从而生成大量的乙酰 CoA。一方面，草酰乙酸与乙酰 CoA 反应生成柠檬酸，从而进入三羧酸循环，通过三羧酸循环与氧化磷酸化，为肝细胞提供能量。另一方面，机体为了维持血糖平衡，肝细胞中糖异生作用增强，草酰乙酸被大量消耗。因此，三羧酸循环减慢，导致部分乙酰 CoA 无法进入三羧酸循环。通过回顾所学的知识，引导学生思考：这部分乙酰 CoA 的去处是哪里？

（7）小组讨论：以"肝脏为什么还要合成酮体"为问题引导，组织学生以小组为讨论评定酮体合成的价值和意义。

（8）总结归纳：学生通过讨论得出肝细胞合成酮体是为了让肝外细胞氧化利用并获取能量的结论。对于学生的讨论结果，教师予以肯定，并且介绍在肝外组织细胞的线粒体中，β-羟丁酸、乙酰乙酸重新生成乙酰 CoA，乙酰 CoA 进入三羧酸循环，为肝外组织细胞提供能量。学生在熟悉酮体代谢过程的同时，训练了有意识、有目的评定事物价值和意义的能力。

（三）乙酰辅酶 A 合成胆固醇

（1）问题驱动：吃鸡蛋黄会造成胆固醇偏高吗？

（2）启发驱动：鸡蛋黄是营养物质的重要来源，其所含有的胆固醇本身是人体必需的营养物质，细胞、性激素和胆汁的合成都离不开胆固醇。除非是有血脂异常甚至是高胆固醇血症的患者，对绝大多数健康人群而言，每周摄入 3～4 个鸡蛋对血清胆固醇水平的影响微弱。大多数专家都倾向认为，每天完整吃一个鸡蛋，不会对人体产生明显的不良反应。

（3）教师引导：对婴幼儿而言，鸡蛋黄更是一种重要的辅食，不仅对补铁有益，而且蛋黄中的卵磷脂可以提供胆碱，对婴幼儿合成重要神经递质——乙酰胆碱有促进作用，从而有利于婴幼儿大脑的发育。

（4）温润心灵：学生深度参与线上学习过程，及时对所学内容进行内化，同时根据知识点进行归纳总结，使知识凝练和形象化，提升学生分析、推理和梳理、总结、凝练的能力。

哺乳动物所有的细胞几乎都能合成胆固醇，其中合成最活跃的细胞是肝细胞（占 80%），其次是小肠上皮细胞（占 10%）和表皮细胞（占 5%）。在细胞内，合成胆固醇的场所是细胞质，其中一部分反应在细胞质基质上进行，另一部分则在内质网膜上进行。

同位素示踪实验表明，胆固醇是由乙酸转变而成的，但实际上合成胆固醇的直接前体是乙酰 CoA。整个胆固醇的生物合成反应大概由三十多步反应组成（见图 1-2-4）。

（四）乙酰辅酶 A 合成脂肪酸

（1）问题驱动：给出甘油一酯途径和甘油二酯途径的代谢公式，让学生找出差别，重点强调代谢发生的部位。

（2）话题讨论：引导学生思考并讨论热点话题"减肥与健康"，培养学生的双向思维。

内源性脂肪酸的合成需先合成软脂酸。

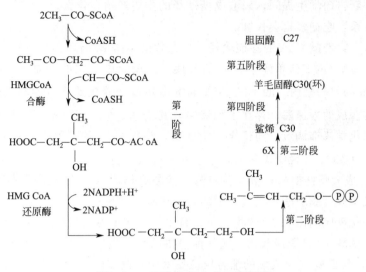

图 1-2-4 乙酰辅酶 A 合成胆固醇

① 合成部位、组织：肝（主要）、肾、脑、肺、乳腺、脂肪等；亚细胞：胞液中，主要合成 16 碳的软脂酸。

② 合成原料：包括乙酰 CoA、ATP、HCO_3^-、NADPH、Mn^{2+} 等。

脂肪酸合成的原料是葡萄糖氧化分解后产生的乙酰 CoA，氨基酸可提供少部分。但无论是丙酮酸脱羧、氨基酸氧化、还是由脂肪酸 β 氧化产生的乙酰 CoA 都是在线粒体基质中，它们不能任意穿过线粒体内膜到胞液中去。但可以通过以下途径透过膜：乙酰 CoA 与草酰乙酸结合形成柠檬酸，然后通过三羧酸载体透过膜，再由膜外柠檬酸裂解酶裂解成草酰乙酸和乙酰 CoA。草酰乙酸又被 NADH 还原成苹果酸再经氧化脱羧产生 CO_2、NADPH 和丙酮酸，丙酮酸进入线粒体，在羧化酶催化下形成草酰乙酸，又可参加乙酰 CoA 转运循环，称为柠檬酸-丙酮酸循环（见图 1-2-5）。

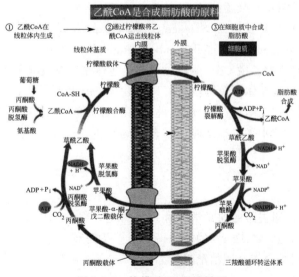

图 1-2-5 柠檬酸-丙酮酸循环

(3) 温故知新：向学生提问，磷酸戊糖途径的主要产物是什么。

(4) 生活联系：吃糖多也会长胖。

(5) 动画演示：乙酰 CoA 的穿梭途径——柠檬酸-丙酮酸循环。

① 丙二酰 CoA（丙二酸单酰 CoA）的合成。此反应中所用的碳原子来自比 CO_2 活泼的 HCO_3^-，形成的羧基是丙二酸单酰 CoA 的远端羧基。催化此反应的酶是乙酰 CoA 羧化酶，它是脂肪酸合成的限速酶，存在于胞液中，其辅基是生物素，Mn^{2+} 是其激活剂，其活性受别构调节和化学修饰调节。同位素实验证明，释放 CO_2 的碳原子来自形成丙二酸单酰 CoA 时所羧化的 HCO_3^-，说明羧化的碳原子并未掺入脂肪酸中。

② 脂肪酸合成大肠杆菌的软脂酸合成酶多酶复合体由八个成分组成，它们以酰基载体蛋白为中心组成一簇，脂肪酸合成过程中的中间产物以共价键与载体相连。

原因在于羧化反应利用 ATP 提供能量，自由能存在于丙二酸单酰 CoA 中，当缩合反应发生时，丙二酸单酰-ACP 脱羧放出大量的能量供给缩合反应，反应过程中自由能降低，使丙二酸单酰-ACP 与乙酰-S-合成酶的缩合反应比两个乙酰二碳单位分子缩合更易进行。由乙酰 CoA 合成软脂酸的总反应，见图 1-2-6：

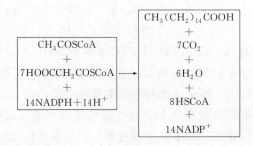

图 1-2-6　乙酰 CoA 合成软脂酸的总反应

(6) 温润心灵：从原核生物和真核生物软脂酸合成酶的特征，找出"进化论"成立的证据，培养学生不怕困难，探索未知的科研精神。

(7) 问题导入：代谢物乙酰辅酶 A 和衰老之间有什么联系？

(8) 科研反哺：2020 年发表在 *Science Advances* 的一篇名为 "NuRD mediates mitochondrial stress-induced longevity via chromatin remodeling in response to acetyl-CoA level" 的文章，首次揭示了代谢物乙酰 CoA 能通过重塑染色体来影响衰老的进程。

乙酰 CoA 作为一种线粒体的关键信号可调节衰老。因为当乙酰 CoA 降低时，会启动组蛋白脱乙酰基酶复合物（NuRD）对染色质进行加工（染色体重塑），从而引起衰老。而当添加营养恢复乙酰 CoA 的水平时，又能逆转寿命的减少。这些发现为延长人类寿命的研究奠定了重要基础。

三、反思提升

通过对乙酰 CoA 代谢去路的课堂学习和线上讨论，将立德树人融入每个教学环节，使学生提出问题、分析问题、解决问题的能力得到培养及提升，并培养创新思维、不畏艰难的科学探究精神和注重团结合作、诚信奉献的品格。

第三节 努力付出，终有回报——无氧酵解产能过程

第一部分 教学设计

一、课程思政目标

通过指导学生进行糖无氧氧化概念、部位、过程、生理意义等的学习，使学生能够认识生命的本质，培养学生分析问题、解决问题和沟通表达能力及创新思维；培养学生和而不同的和谐观，正直善良、爱岗敬业、遵纪守法的品德和信念。通过引导学生对糖无氧氧化代谢的思考，深入进行肿瘤细胞代谢状态的分析；通过引导学生对日常生活运动中代谢过程的分析，培养学生乐观向上的人生观，为学生的健康成长保驾护航。

二、教学设计内容

（一）课前：课程思政引入

以社会事件引起学生兴趣，用典型的医生救治新闻导入课程内容，激励医学专业的学生，使学习者构建起广博而灵活的知识基础，发展有效理解、分析和解决问题的能力，使医学生认识到医生职业角色，凸显医者仁心的重要性。

（二）课中：课程思政贯穿授课过程

通过生化领域中中国的创新贡献和生化知识联系社会热点事件举例，对学生发布小组任务并进行课后线上讨论，于活动间培养学生的科研素养、创新精神、沟通能力以及团队协作能力，令思政教育滴水穿石、润物无声，使学生提高与人沟通能力及综合竞争力。通过对生化知识联系日常生活模块和生化知识联系临床模块举例，对糖的无氧氧化概念、部位、过程、生理意义等进行讲授，并结合新冠肺炎疫情，让学生更好地结合生活、临床去学习理解生化课程，从而使学生从知识中获得真知，在学习过程中学到思辨方法，把所学铭记于心、活用于今后的医学工作。

（三）课后：课程思政总结反思

布置拓展任务，让学生体会中国精神，重塑学生的民族自信，培养爱国情怀。

第二部分 思政案例

一、思政导引

向同学们介绍产妇大出血的相关新闻（见图1-2-7），说明孕妇分娩时大出血若处理不及时，会导致酸中毒，有些病人因此而成为植物人，甚至丧失生命。让学生懂得职业道德与素养、专业技能在工作中的重要性，从而提高学生的德育意识，强化学生的职业使命感。

数字资源3：
糖酵解

互动提问：为什么产妇大出血会造成代谢性酸中毒的情况？原因是机体缺氧，进行无氧呼吸，会产生大量乳酸进而导致酸中毒。机体缺氧条件下会发生糖的分解代谢——引出"糖的无氧氧化"。

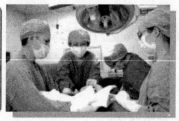

图 1-2-7 产妇大出血的新闻导入

二、思政融入

(一) 糖的无氧氧化的概念和部位

一分子葡萄糖在细胞质中裂解为两分子丙酮酸的过程称为糖酵解。引发同学思考人体内糖无氧氧化的过程是产生乳酸，引出乳酸发酵和糖无氧氧化的概念（见图1-2-8）。

(1) 启发思考：糖酵解的发生部位是哪里？是在细胞质基质中。

(2) 评析总结：糖酵解的过程不仅仅参与了糖的无氧氧化，也参与了糖的有氧氧化。丙酮酸是去向线粒体发生有氧氧化，还是留在胞液还原成乳酸——这是由氧气的存在与否决定的。

(3) 温润心灵：在人生的岔路口，一念之间就会决定人生最终的命运。人若想把控自己的人生，其实只需把握好自己的每一个一念间。一念改变命运，一念决定人生。

(二) 糖的无氧氧化过程

(1) 分组学习：以葡萄糖为起始物质，整个糖酵解途径由两个阶段、十步反应组成，引导学生注意糖酵解过程中的不可逆步骤和关键酶。

(2) 教师小结：第一阶段称为投资阶段，有5步反应。在此阶段，1分子葡萄糖经过1, 6-二磷酸果糖转变成2分子 3-磷酸甘油醛（glyceraldehyde-3-phosphate，GAP），共消耗2分子 ATP。第二阶

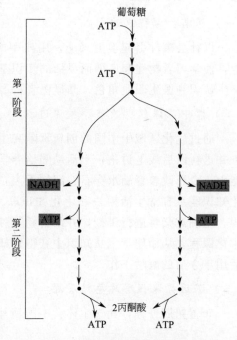

图 1-2-8 糖酵解的两个阶段

段称为产能阶段，也有5步反应。通过此阶段，2分子 3-磷酸甘油醛最终转变为2分子丙酮酸，同时产生4分子 ATP 和2分子 NADH。由于此阶段产生了4分子能量货币 ATP，在扣除第一阶段"投资"的2分子 ATP 以后，还"净赚"了2分子 ATP，因此第二阶段又称为收获阶段（harvesting phase）（见图1-2-9）。

(3) 温润心灵：通过讲解糖酵解的投资阶段和产能阶段，说明没有投资阶段，就没有产能阶段，让学生感悟"只有付出，方能收获；想要索取，必先奉献"的道理。

(三) 糖酵解的生理意义

(1) 理论讲授

① 糖酵解是机体缺氧或剧烈运动时，能量获得的主要形式。虽然糖酵解生成 ATP 的效

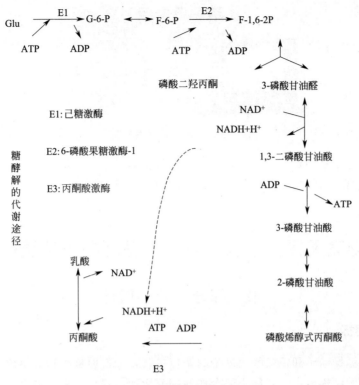

图 1-2-9　糖酵解的反应过程

率远远低于糖的有氧代谢，但是对于很多细胞来说却是主要的，甚至是唯一合成 ATP 的手段。例如，厌氧生物、无氧状态下的兼性生物和哺乳动物成熟的红细胞，它们都以糖酵解作为产生 ATP 的唯一途径。

② 糖酵解是某些细胞在氧供应正常情况下的重要供能途径。体内的某些组织，在缺氧的情况下（如肌肉组织），或者因线粒体的数目有限（如视网膜和睾丸组织等），会以糖酵解作为合成 ATP 的主要途径。

（2）温润心灵：受环境和条件所限，某些细胞不存在线粒体或需快速产能，这些情况机体即使氧气充足也发生无氧氧化产能。告诉学生：在特殊的条件下，要跟紧这个时代，必须学会适时改变、作出调整，不做"套子里的人"。举例 2020 年新型冠状病毒肺炎疫情的突然爆发，大家调整了原来的生活和学习方式，开启停课不停学、线上线下混合式教学模式，收获了不错的效果。

三、反思提升

（1）视频引出：2017 年中国科学院官网发布《中国科大等揭示肿瘤代谢基因调控的新机制》新闻，说明了肿瘤细胞中的糖代谢机制（见图 1-2-10）。

（2）总结归纳：失控的恶性增殖是肿瘤细胞的根本特征，增殖过程需要伴随大量的生物合成。肿瘤细胞通过代谢重编程来满足大量的能量和物质需求。也就是说，在氧气充足的条件下，肿瘤细胞仍然会进行活跃的糖酵解，即瓦尔堡效应。科学家们正不断对此效应进行探究，试图找到治疗肿瘤的途径，开发肿瘤治疗药物。请同学们再查阅资料，了解肿瘤细胞中的糖代谢机制，并在线讨论。

图 1-2-10 线上拓展思考题

具有世界领先水平的重大原创科技成果的取得很容易让学生体会到，中国有能力跻身于国际生命科学前沿，重塑学生的民族自信，培养他们的爱国情怀。

第四节 物竞天择，适者生存——基因的表达调控

第一部分 教学设计

一、课程思政目标

通过讲解乳糖操纵子和色氨酸操纵子的调控机制，分析原核生物表达调控的特点，识记原核生物基因组的结构特点。开展小组合作的探究活动，综合原核生物表达调控的基本规律和特点，培养学生团结协作的能力。运用表达调控机制，培养学生学以致用和分析问题、解决问题的能力，培养学生的发散性创新思维。

二、教学设计内容

（一）课前：课程思政引入

结合开花这一生活常见现象引出表达调控时间的特异性和空间的特异性。告诉学生必须在正确的时间做正确的事情，要对自己的人生有合理的规划，培养学生正确的生活态度。

（二）课中：课程思政贯穿授课过程

通过介绍基因表达调控的相关概念，认识到调控的目的是适应细胞内外环境的变化，从而达到内外环境的平衡，认识调控的多层次性和复杂性，培养学生的逻辑思维能力和综合分析能力。通过讲解原核生物乳糖操纵子和色氨酸操纵子的调控机制，使学生领会团结协作的重要性，培养学生合理利用资源的意识。

（三）课后：课程思政总结反思

线上线下相结合，课堂讲解与特色探究相结合，完成探究报告，让学生体会严谨求实、探索创新的科研精神。

第二部分 思政案例

一、思政导引

20 世纪 50 年代末，生物学家们揭示了从遗传信息到 DNA 传递的蛋白质

数字资源 4：乳糖操纵子

规律中心法则,此后科学家们一直在探索究竟是何种机制,调控着遗传信息的传递。1961年,法国科学家莫诺(J. L. Monod)和雅各布(F. Jacob)提出了著名的操纵子学说,开创了基因表达调控研究的新纪元(见图1-2-11)。

基因表达调控的研究,使得人们了解到多细胞生物是如何从一个受精卵及其所具有的一套遗传信息的基因组,最终形成具有不同形态功能的多组织、多器官个体。

图1-2-11 法国生物化学家雅各布和莫诺

二、思政融入

(一)基因表达调控的层次性

(1)启发驱动:从遗传学讲,基因是位于染色体上的遗传基本单位或单元,是具有编码RNA或多数情况下编码多肽的信息单位。从分子生物学角度来看,基因是负载特定遗传信息的DNA片段。基因组是来自一个生物体的一整套遗传物质。基因表达是基因转录及翻译的过程,即生成具有生物学功能产物的过程,基因表达是受调控的。

基因表达具有时间特异性和空间特异性,基因表达的方式存在多样性并且生物体内不同基因的表达受到协同调节。

基因表达调控是生物体生长和发育的基础,通过基因表达调控,可适应环境、维持生长和增殖以维持细胞分化与个体发育。在多细胞个体生长、发育的不同阶段或同一生长发育阶段,不同组织器官内蛋白质分子的分布、种类和含量存在很大差异,这些差异是调节细胞表型的关键(见图1-2-12)。

```
基因激活
拷贝数
重排              转录起始
甲基化程度        转录后加工
                 mRNA降解         蛋白质翻译
                                  翻译后加工修饰
                                  蛋白质降解
```

图1-2-12 基因的不同层次调控

(2)温润心灵:在人生每个阶段都有每个阶段的责任和义务。青年阶段正是努力学习的时候,通过这些知识,培养学生认真学习的态度和对自己负责的责任心。

(二) 操纵子机制

(1) 理论讲授：操纵子是原核基因转录调控的基本单位，原核生物大多数基因表达调控是通过操纵子机制实现的。在原核生物中，多个功能相关基因串联在一起，依赖同一调控序列对其转录进行调节，使这些相关基因实现协同表达。

原核生物绝大多数基因按功能相关性成簇串联、密集于染色体上，共同组成一个转录单位——操纵子。一个操纵子只含一个启动子及数个可转录的编码基因，可转录出多顺反子 mRNA。原核基因的协调表达就是通过调控单个启动基因的活性来完成的（见图1-2-13）。

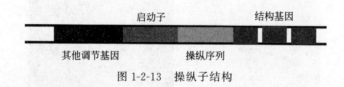

图 1-2-13　操纵子结构

多顺反子：mRNA 分子携带了几个多肽链的编码信息。

启动子：是 RNA 聚合酶和各种调控蛋白作用的部位，是决定基因表达效率的关键元件。

各种原核基因启动序列特定区域内，通常在转录起始点上游-10 及-35 区域存在一些相似序列，称为共有序列。E.coli 及一些细菌启动序列的共有序列在-10 区域是 TATAAT，在-35 区域为 TTGACA，共有序列决定启动序列的转录活性大小。

(2) 温润心灵：通过讲解操纵子模型及相关概念，培养学生的逻辑思维和空间思维，并深刻体会团结协作的重要性。

(三) 乳糖操纵子

乳糖操纵子是典型的诱导型调控。

1961 年法国科学家雅各布和莫诺发现大肠杆菌在含有乳糖的培养基中会合成大量的 β 半乳糖苷酶，使乳糖水解，但在没有乳糖的环境中不产生 β 半乳糖苷酶，从而提出了乳糖操纵子学说来解释 β 半乳糖苷酶基因表达调控的问题。

(1) 启发思考：乳糖操纵子受阻遏蛋白和 CAP 的双重调节，一是阻遏蛋白的负性调节，二是 CAP 的正性调节，两种机制协同调节。单纯乳糖存在时，细菌利用乳糖作碳源；若有葡萄糖或葡萄糖/乳糖共同存在时，细菌首先利用葡萄糖。葡萄糖对乳糖操纵子的阻遏作用称为分解代谢阻遏。有葡萄糖无乳糖，阻遏，cAMP 浓度低。有葡萄糖有乳糖，去阻遏，cAMP 浓度低。无葡萄糖有乳糖，去阻遏，cAMP 浓度高。

(2) 温润心灵：通过讲授科学家发现乳糖操纵子的过程，培养学生实事求是、探索未知的科研精神。通过对乳糖操纵子调控机制的讲解，培养学生团结协作、合理利用资源的生活态度。

三、反思提升

(1) 以问激思：DNA 是遗传信息的携带者，RNA 充当信使分子，蛋白质是最终的功能执行者，但关于生命的起源，科学界争论已久。2020 年发表在 Nature 上的研究报告首次通过实验表明，生命在创世之初，DNA 和 RNA 的基本构建可以同时形成和共存于地球的原始"化学汤"中。

（2）拓展作业＋小组讨论：通过资料的查阅，谈一谈，你认为到底是谁开启了地球上的生命？是怎样开启的？见图 1-2-14。

图 1-2-14　线上互动讨论

（3）温润心灵：以基因信息与传递为拓展，进行归纳总结，培养学生的科研思维。通过分析基因调控机制，了解前沿进展，培养学生实事求是、严谨求实、勇于创新的科研精神。

第五节　团结就是力量——真核生物转录的起始

第一部分　教学设计

一、课程思政目标

通过学习三种 RNA 聚合酶及其功能，使学生在学习过程中与原核生物 RNA 聚合酶相比较进行记忆，重点培养学生归纳总结的思维方式。通过讲授真核生物转录起始一系列转录因子的协同作用，培养学生团结协作的意识和互相帮助的良好品质。

二、教学设计内容

（一）课前：课程思政引入

"一根筷子容易折，一把筷子折不断"，这就像人的手指一样，如果一根一根地看，各有所长，各有所短。如果五根手指握在一起，形成一个拳头，就更有力量了，正如一句俗语一样"兄弟齐心，其利断金"。一个班级，只有团结才能心聚，才能共同向目标进发，学习更多的知识，才能汲取别人的长处，去补及自身的缺陷；一个社会，只有团结才能幸福安康；一个国家，只有团结，才能发展。正所谓，"人心齐，泰山移"。由此引出课程内容，指出正是各个转录因子的一致协作，才开启了真核生物转录的起始。

（二）课中：课程思政贯穿授课过程

通过讲授真核生物 RNA 聚合酶的种类及其相应的功能，培养学生正确认识自我，发挥自身的特长和优势，有方向地训练自己、完善自己。转录起始需要启动子、RNA 聚合酶和转录因子的共同参与，就像我们生活中的很多事情，单凭一己之力很难完成，需要大家一起团结协作，才能达到最好的效果。

（三）课后：课程思政总结反思

通过课堂学习和线上讨论，将课程思政贯穿整个教学过程，培养学生的优良品质。

第二部分 思政案例

一、思政导引

通过教师的导学视频，使学生对真核生物 RNA 的转录具备整体认识和了解，真核生物的转录过程比原核生物复杂。二者的转录起始过程有较大区别，转录终止也不相同，培养学生总结归纳的思维模式。

数字资源5：
原核生物
转录起始

二、思政融入

（一）真核生物有三种 DNA 依赖性 RNA 聚合酶

（1）对比讲授：真核生物具有 3 种不同的 RNA 聚合酶即 RNA 聚合酶Ⅰ、RNA 聚合酶Ⅱ及 RNA 聚合酶Ⅲ。

真核生物 RNA 聚合酶的结构比原核生物复杂，所有真核生物的 RNA 聚合酶都有两个不同的大亚基和十几个小亚基。RNA 聚合酶Ⅱ由 12 个亚基组成，其最大的亚基称为 RBP1（RNA binding protein1）。RBP1 的羧基末端有一段共有序列为 Tyr-Ser-Pro-Thr-Ser-Pro-Ser 的重复序列片段（52 次），称为羧基末端结构域（carboxyl-terminal domain，CTD）（见图 1-2-15）。CTD 对于维持细胞的活性是必需的。

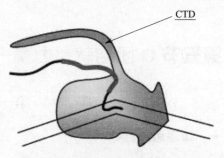

图 1-2-15 羧基末端结构域（CTD）

（2）温润心灵：真核生物 RNA 聚合酶的结构和功能各不相同。引导学生正确自我定位，及时弥补自身的不足，改正缺点，根据自身的特点和优势规划人生。

(二) 转录起始前的上游区段具有启动子核心序列

(1) 理论讲授：不同物种、不同细胞或不同的基因，转录起始点上游可以有不同的DNA序列，但这些序列都可统称为顺式作用元件（见图1-2-16）。

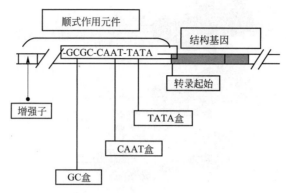

图 1-2-16　真核生物启动子的保守序列

顺式作用元件包括核心启动子、启动子上游元件、远上游元件等，它们的作用是参与基因表达的调控。

顺式作用元件本身不编码任何蛋白质，仅仅提供一个作用位点，要与反式作用因子相互作用后起作用。

结构基因上游存在着很多顺式作用元件，可分为以下三种类型：

① 核心启动子，如 TATA 框；

② 启动子上游元件，如 CAAT 框、GC 框；

③ 远上游元件：如增强子、沉默子等。

许多 RNA 聚合酶 II 识别的启动子具有保守的共有序列，如位于转录起始点附近的起始子（intiator，Inr）。

(2) 温润心灵：通过科研文献的引入介绍启动子的功能和作用，提高学生对科学研究的兴趣，注重科研思维的建立。

(三) 转录起始前复合物

(1) 理论讲授：真核生物 RNA 聚合酶不与 DNA 分子直接结合，而需依靠众多的转录因子，形成转录起始复合物（pre-initiation complex，PIC）（见图1-2-17）。少数几个反式作用因子（主要是可诱导因子和上游因子）之间互相作用，再与基本转录因子、RNA 聚合酶搭配，有针对性地结合、转录相应的基因。可诱导因子和上游因子常常通过辅激活因子或中介子与基本转录因子、RNA 聚合酶结合，但有时也可直接与基本转录因子、RNA 聚合酶结合。

(2) 温润心灵：团结协作是很多事业成功的基础，个人和集体都要依靠团结的力量，才能把个人和团队的目标结合起来，发挥集体的协作力量，从而得到 1＋1＞2 的效果。

三、反思提升

通过线上讨论和课后作业，让同学们了解转录因子在形成转录起始复合物时各自作用的

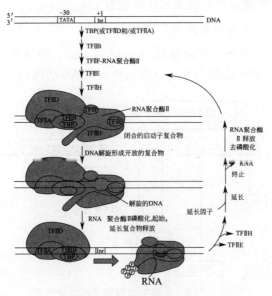

图 1-2-17 PIC 的形成

顺序与机制,深刻领会团结协作的重要性,在学习和生活中有所提升,并探讨真核生物和原核生物转录的异同点。

第六节 ○ 不经历风雨,怎么见彩虹——真核生物 mRNA 加工

第一部分 教学设计

一、课程思政目标

通过讲授前体 mRNA 转录后加工的过程,使学生体会,人生路上不可能一帆风顺,遇到困难不能逃避,要经历艰难困苦的磨练,战胜了才能迎来成功。

二、教学设计内容

(一)课前:课程思政引入

以 mRNA 加工出现问题引起的疾病进行课程导入,激励医学专业的学生,只有掌握好了基础知识才能为今后工作打下良好的基础,使学生意识到医者的责任与担当。

(二)课中:课程思政贯穿授课过程

通过临床疾病举例对学生发布小组任务并进行课后线上讨论,培养学生的沟通能力以及团队协作能力。通过讲授前体 RNA 的加帽、加尾及内含子的剪接,培养学生发现问题、解决问题的能力,尤其是要认识到面对困难要勇往直前,才能取得最后的成功。

(三)课后:课程思政总结反思

线上布置拓展任务并互相讨论,掌握前沿进展,培养学生探索未知的科研精神及创新思维。

第二部分　思政案例

一、思政导引

（1）临床应用：系统性红斑狼疮（SLE）是一种以自身抗体产生和免疫复合物形成为特点的自身免疫性疾病，发病机制目前尚不完全明确。研究表明，异常的转录后信使RNA加工和蛋白质翻译后修饰影响SLE疾病的发生、发展。异常的RNA编辑和剪接导致细胞合成功能紊乱的蛋白质，或者在错误的时间合成有活性的蛋白质，蛋白质翻译后修饰在机体对自身多肽产生免疫原性或耐受性方面具有决定性作用。

数字资源6：真核生物mRNA转录后加工

（2）以问激思：系统性红斑狼疮的发病机制是什么？是RNA剪接出现问题所导致。以此引出本次课讲解的内容——mRNA加工。

二、思政融入

（一）前体mRNA在5′-末端加入"帽"结构，3′-末端加入"尾"结构

大多数真核mRNA的5′-末端有7-甲基鸟嘌呤的帽结构。这个真核mRNA加工过程的起始步骤由两种酶（加帽酶和甲基转移酶）催化完成。

（1）启发驱动：帽结构的意义：可以使mRNA免遭核酸酶的攻击；也能与帽结合蛋白质复合体结合，并参与mRNA和核糖体的结合，启动蛋白质的生物合成（见图1-2-18）。

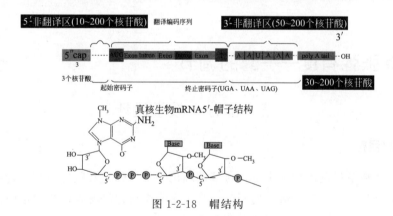

图1-2-18　帽结构

尾部修饰是和转录终止同时进行的过程。poly A的有无与长短，是维持mRNA作为翻译模板的活性以及增加mRNA本身稳定性的因素。一般真核生物在细胞质内出现的mRNA，其poly A长度为100~200个核苷酸，也有少数例外（组蛋白的mRNA）。前体mRNA分子的断裂和加多聚腺苷酸尾是多步骤过程。

（2）温润心灵：通过学习mRNA的帽子和尾巴结构对mRNA加工过程中的保护和作用，引导学生认识到家长、老师和学校对学生的保护，以此引申，引导学生心怀感恩之心。

（二）前体mRNA的剪接主要是去除内含子

（1）理论讲授

①断裂基因。

真核生物结构基因,由若干个编码区和非编码区互相间隔开但又连续镶嵌而成,去除非编码区再连接,可翻译出由连续氨基酸组成的完整蛋白质,这些基因称为断裂基因。

② 外显子和内含子。

外显子:在断裂基因及其初级转录产物上出现,并表达为成熟 RNA 的核酸序列。

内含子:隔断基因的线性表达而在剪接过程中被除去的核酸序列。

③ mRNA 的剪接。

除去 hnRNA 中的内含子,将外显子连接。snRNP(小分子核糖核蛋白)是一种特异的 RNA-蛋白质复合体,含有核小 RNA,参与 hnRNA 的剪接。大多数内含子的 5′端为 GU,3′端为 AG。5′-GU……AG-OH-3′称为剪接接口。剪接过程需经过二次转酯反应。

真核生物前体 mRNA 分子经过剪切和剪接两种模式可加工成不同的 mRNA。

(2)温润心灵:通过讲解 mRNA 内含子的剪接,使学生了解 mRNA 在加工成熟之前要经历很多加工,培养学生勇于面对困难的优良品质。通过介绍 mRNA 的前沿进展,培养学生勇于创新、实事求是的科研精神。

三、反思提升

布置拓展思考题(线上讨论):真核生物在内含子剪接过程中产生可变剪接,这种可变剪接会产生什么后果?总结归纳为:可变剪接可产生不同的 mRNA,进而形成不同的蛋白质,去发挥不同的功能。

通过对领域内前沿问题的讨论,培养学生探索未知的科研精神及克服困难的勇气和信心。

第七节 ● 张弛有度——酶的调节

第一部分 教学设计

一、课程思政目标

本节通过酶调节机制的相关讲解,将基础理论知识与临床实践应用相结合,为临床专业课的学习打下良好的基础。在讲解的同时,将医学人文精神渗透到课程教学中,使学生热爱生命、不畏困难,培养学生团结协作的职业精神。

二、教学设计内容

(一)课前:课程思政引入

感同身受:观看生命孕育类视频,使学生了解酶在生长发育中的重要作用。新陈代谢是生命活动的基础,是生命活动最重要的特征,而构成新陈代谢的许多复杂而有规律的物质变化和能量变化都是在酶的催化下进行的。

(二)课中:课程思政贯穿授课过程

启发驱动:细胞内许多酶的活性是可以受到调节的,通过调节,酶可以在有活性和无活性或者高活性和低活性两种状态之间转变。另外,某些酶在细胞内的含量也可以发生改变,从而改变酶在细胞内的总活性。通过以上一系列机制的讲解，培养学生为人处世和团结协作的优秀品质，鼓励学生积极应对生活中的各种挑战，时刻准备迎接机会的到来。

（三）课后：课程思政总结反思

互动讨论：布置拓展任务，让学生在实施具体任务时，体会团结协作带来的快乐，培养学生实事求是和探索未知的科研精神。

第二部分　思政案例

一、思政导引

通过生命孕育类视频（见图 1-2-19）的观看，让学生了解细胞都有着一套可塑性极强和极精确的代谢调节系统，通过这样的调节系统来确保上千种酶可准确无误、有条不紊和高度协调地进行极其复杂的新陈代谢反应。生物的生长发育、繁殖、遗传、运动等生命活动都与酶的催化过程紧密关联，没有酶的参与，生命活动一刻也不能进行。

数字资源 7：
酶的别构调节

数字资源 8：
酶的化学修饰调节

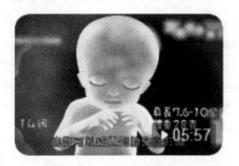

图 1-2-19　生命孕育类视频

二、思政融入

通过视频的播放内容以及生活中实际案例，讲述细胞根据内外环境的变化而调整细胞内代谢时，主要是通过对催化限速反应调节酶（亦称为关键酶）的活性进行调节而实现的——引出"酶的调节"。

什么是关键酶？关键酶是指代谢途径中决定反应的速度和方向的酶，常常催化一系列反应中的最独特的第一个反应。

细胞对现有酶活性的调节包括酶的别构调节和酶的化学修饰调节，它们属于对酶促反应速率的快速调节。

（一）别构效应剂通过改变酶的构象而调节酶活性

体内一些代谢物可与某些酶活性中心外的某个部位非共价可逆结合，引起酶的构象改变，从而改变酶的活性，酶的这种调节方式称为酶的别构调节（见图 1-2-20），亦曾称为变构调节。

受别构调节的酶称为别构酶，引起别构效应的物质称为别构效应剂。酶分子与别构效应剂结合的部位称为别构部位或调节部位。根据别构效应剂对别构酶的调节效果，有别构激活剂和别构抑制剂之分。别构效应剂可以是代谢途径中的终产物、中间产物及酶的底物或其他物质。

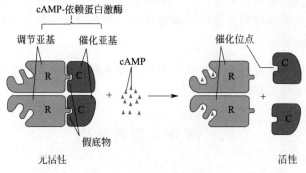

图 1-2-20 酶的别构调节

别构酶分子中常含有多个（偶数）亚基，具有多亚基的别构酶也与血红蛋白一样，存在着协同效应，包括正协同效应和负协同效应。如果别构效应剂与酶的一个亚基结合，此亚基的别构效应使相邻亚基也发生构象改变，并增加了对此效应剂的亲和力，这种协同效应称为正协同效应；如果后续亚基的构象改变降低对此效应剂的亲和力，则称为负协同效应。如果效应剂是底物本身，正协同效应的反应速率——底物浓度曲线呈"S"形。

（二）酶的化学修饰调节是通过某些化学基团与酶的共价可逆结合来实现

（1）对比讲授：酶蛋白肽链上的一些基团可在其他酶的催化下，与某些化学基团共价结合，同时又可在另一种酶的催化下，去掉已结合的化学基团，从而影响酶的活性，酶的这种调节方式称为酶的共价修饰或称酶的化学修饰。在化学修饰过程中，酶发生无活性（或低活性）与有活性（或高活性）两种形式的互变。酶的共价修饰有多种形式，其中最常见的是磷酸化和去磷酸化。酶蛋白的磷酸化是在蛋白激酶的催化下，来自 ATP 的磷酸基共价结合在酶蛋白的丝氨酸（Ser）、苏氨酸（Thr）或酪氨酸（Tyr）残基的侧链羟基上。反之，磷酸化的酶蛋白在磷蛋白磷酸酶催化下，磷酸酯键被水解而脱去磷酸（见图 1-2-21）。

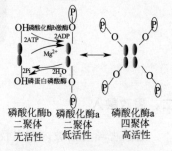

图 1-2-21 酶的共价修饰

（2）温润心灵：酶的调节需要一系列因素的配合和步骤的协调。生物体内的化学反应能有条不紊地进行，有赖于酶这种高效特异性的生物催化剂。在酶的活性调节中，主要涉及两种调节方式，即酶活性和含量的调节，存在相互对立、方向相反的两种过程，前者包括激活与抑制，后者包括诱导和阻遏。就化学本质而言，不同调节过程最终产生截然相反的效应，从而体现了矛盾的对立性；而就整个生物体而言，二者只有相辅相成、协调一致才能执行正常的功能，从而体现了矛盾的统一性。

三、反思提升

本节课的内容为"酶的调节"，以生命孕育类视频导入为线索，分别从别构调节、共价修饰、酶含量的调节等方面构成本节课学习的知识目标。并设置拓展思考题（线上讨论）：糖、脂肪、蛋白质在代谢过程中是如何通过酶的调节相互联系、相互制约的？进一步理解酶调节重要性及调节特点，从而在知识讲授过程中将团结协作、创新拼搏等思政元素贯穿其中，将知识传授与价值引领相结合，达到知识目标与思政目标同向同行、同频共振。

第三章
美好生活之路

第一节 ⬧ 小蛋白，大作用——蛋白质的理化性质

第一部分　教学设计

一、课程思政目标

通过学习蛋白质是两性电解质、蛋白质具有胶体性质、蛋白质的变性与复性、蛋白质在紫外光谱区有特征性光吸收、应用蛋白质呈色反应可测定溶液中蛋白质含量等知识，引导学生对蛋白质理化性质的思考，深入进行消毒灭菌、疫苗保存、蛋白质含量测定方法等知识的学习和分析，增强学生对中国科学研究的认识，培养学生对科学研究的兴趣，激发学生的民族自豪感、爱国情怀以及对科学精神的敬畏和崇拜。

二、教学设计内容

（一）课前：课程思政引入

通过"三鹿奶粉事件"引出课程主要内容——蛋白质的性质，使学生具有批判精神，树立质量意识，培养学生正确伦理道德观念和社会责任感。

（二）课中：课程思政贯穿授课过程

通过教师设问及学生讨论分析，引出奶粉的营养价值高主要是因为奶粉中含有较多的蛋白质，蛋白质具有重要的生理功能，通过蛋白质含量的检测，可以鉴别奶粉是劣质还是优质。我国目前检测蛋白质含量的常规方法是通过测定氮的含量来推算蛋白质的含量。因为三聚氰胺的含氮量远高于蛋白质，不法商贩通过添加三聚氰胺以提高虚假蛋白质含量。三聚氰胺的掺假是一种全新的更具有欺骗性的犯罪，这说明科学技术的发展具有双面性，我们应该辩证地对待。引导学生思考如何进一步对蛋白质检测方法进行设计与改进，有利于培养学生分析问题以及辩证思维的能力。通过"三鹿奶粉事件"引出蛋白质的理化性质，引导学生将书本的"科学世界"与自己的"生活世界"联系起来，培养学生正确的伦理道德观和社会责任感。

（三）课后：课程思政总结反思

通过生化知识联系日常生活，让学生能更好地结合生活去学习理解生化课程，从知识中获得真知，在学习过程中学到辩证方法，把所学铭记于心、活用所学，这便是课程思政润物无声、提升内涵所在。

第二部分 思政案例

一、思政导引

通过介绍"三鹿奶粉事件"引出本节课内容——蛋白质的理化性质。

社会事件：2008年中国奶制品污染事件是中国的一起食品安全事故。事故起因是部分食用三鹿集团生产的奶粉的婴儿被发现患有肾结石，随后在其奶粉中发现三聚氰胺。三聚氰胺是一种化工原料，可以提高蛋白质检测值，但人如果长期摄入会导致膀胱、肾产生结石，并可诱发膀胱癌。添加了三聚氰胺奶粉的蛋白质含量不合格，导致服用此奶粉的患儿出现营养不良的症状。

数字资源9：蛋白质的变性

启发驱动：具有复杂空间结构的蛋白质不仅是生物体的重要结构物质之一，而且承担着各种生物学功能，其动态功能包括化学催化反应、免疫反应、血液凝固、物质代谢调控、基因表达调控和肌收缩等功能；就其结构功能而言，蛋白质提供结缔组织和骨的基质、形成组织形态等。人体的细胞和体液中存在成千上万种蛋白质，要分析其中某种蛋白质的结构与功能，首先需要对蛋白质进行分离和纯化，而蛋白质分离和纯化的理论基础是蛋白质的理化性质——引出本次课内容——蛋白质的理化性质。

二、思政融入

（一）蛋白质具有两性解离性质

（1）理论讲授：蛋白质分子除两端的氨基和羧基可解离外，氨基酸残基侧链中某些基团，如谷氨酸、天冬氨酸残基侧链基团的羧基，赖氨酸残基侧链基团的氨基，精氨酸残基的胍基和组氨酸残基的咪唑基，在一定的溶液pH条件下都可解离成带负电荷或正电荷的基团。当蛋白质溶液处于某一pH时，蛋白质解离成正、负离子的趋势相等，即成为兼性离子，净电荷为零，此时溶液的pH称为蛋白质的等电点（protein isoelectric point，PI）。溶液的pH大于某一蛋白质的等电点时，该蛋白质颗粒带负电荷，反之则带正电荷（见图1-3-1）。

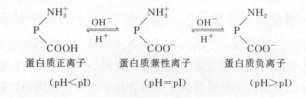

图1-3-1 蛋白质两性解离

（2）启发思考：体内各种蛋白质的等电点不同，但pH大多数接近于5.0，所以在人体体液pH为7.4的环境下，大多数蛋白质解离成阴离子。少数蛋白质含碱性氨基酸较多，其等电点偏于碱性，被称为碱性蛋白质，如鱼精蛋白、组蛋白等。也有少量蛋白质含酸性氨基酸较多，其等电点偏于酸性，被称为酸性蛋白质，如胃蛋白酶和丝蛋白等。

（3）临床拓展：胃蛋白酶原由胃底主细胞分泌，在pH为1.5~5.0条件下，被活化成胃蛋白酶。胃溃疡的最终形成是由于胃酸和胃蛋白酶对黏膜自身消化所致，胃酸分泌过多会导致溃疡的发生，因此抑酸药可用于溃疡的治疗。

（4）温润心灵：教师授课时提醒学生平时要注意按时吃饭、不抽烟、不喝酒、不熬夜，预防消化性溃疡的发生，养成良好的生活习惯，注重健康的生活方式。

(二) 蛋白质具有胶体性质

(1) 理论讲授：蛋白质属于生物大分子，分子量为1万～100万，其分子的直径可达1～100nm，为胶粒范围之内。蛋白质颗粒表面大多为亲水性基团，可吸引水分子，使颗粒表面形成一层水化膜，从而阻断蛋白质颗粒的相互聚集，防止溶液中蛋白质沉淀析出。除了水化膜是维持蛋白质胶体稳定的重要因素外，蛋白质胶粒表面带有电荷，也可起胶粒稳定的作用。若去除蛋白质胶体颗粒表面电荷和水化膜两个稳定因素，蛋白质极易从溶液中析出。

(2) 拓展延伸：吴宪（1893.11.24-1959.08.08），生物化学家、营养学家、医学教育家。在临床生物化学方面多有贡献。他与Otto Folin一同提出的血液分析系统方法是当时临床生物化学领域最重要的贡献之一。他首创用钨酸除去血液样品中所有的蛋白质，他最先提出蛋白质变性理论，提出符合中国实际情况、增强国民营养的膳食方案，并使用标记的抗原研究免疫化学。他还培养了中国第一代的生物化学家和营养学家。

(3) 温润心灵：在授课时向学生展示中国科学家的科研能力，提高学生对中国科研的认识，培养学生对科学研究的兴趣，激发学生的民族自豪感、爱国情怀以及对科学精神的敬畏和崇拜。

(三) 蛋白质的变性与复性

(1) 理论讲授：蛋白质在某些物理和化学因素作用下，其特定的空间构象被破坏，即有序的空间结构变成无序的空间结构，从而导致其理化性质的改变和生物学活性的丧失，称为蛋白质变性（图1-3-2）。一般认为蛋白质的变性主要发生二硫键和非共价键的破坏，不涉及一级结构中氨基酸序列的改变。蛋白质变性后，其理化性质及生物学性质发生改变，如溶解度降低、黏度增加、结晶能力消失、生物学活性丧失、易被蛋白酶水解等。造成蛋白质变性的因素有多种，常见的有加热，乙醇等有机溶剂的作用，强酸、强碱、重金属离子及生物碱试剂的作用等。在临床医学领域，变性因素常被应用来消毒及灭菌。此外，为保存蛋白质制剂（如疫苗、抗体等）的有效，也必须考虑防止蛋白质变性的措施，如采用低温贮存等。

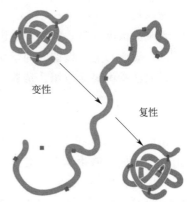

图1-3-2　蛋白质变性与复性

(2) 临床应用：用高浓度白酒喷洒房间可以杀灭新冠病毒吗？国家卫生健康委在防治指南中明确指出，医用酒精可以杀灭新型冠状病毒，其原理是酒精可以使新型冠状病毒的蛋白质变性而丧失功能，最终杀灭病毒。但酒精让蛋白质变性是有浓度要求的，有效浓度为70%～75%。白酒的酒精浓度就是酒的"度"数，最高不过67%，达不到让蛋白质变性的最低浓度，因而也不能起到杀灭病毒的作用。因此，不建议使用高浓度白酒喷洒房间进行消毒。

(3) 温润心灵：授课时结合目前新型冠状病毒肺炎疫情，提醒学生了解新型冠状病毒肺炎的预防措施，注意自我防护。

(4) 理论讲授：蛋白质变性后，疏水侧链暴露在外，肽链融汇，相互缠绕继而聚集，因而从溶液中析出，这一现象被称为蛋白质沉淀。变性的蛋白质易于沉淀，但有时蛋白质发生沉淀，并不是因为变性。若蛋白质变性程度较轻，去除变性因素后，有些蛋白质仍可恢复或部分恢复其原有的构象和功能，称为复性。但是许多蛋白质变性后，空间构象被严重破坏，不能复原，称为不可逆变性。蛋白质经强酸、强碱作用发生变性后，仍能溶解于强酸或强碱溶液中，若将 pH 调至等电点，则变性蛋白质立即结成絮状的不溶解物，此絮状物仍可溶解于强酸和强碱中。如再加热，则絮状物可变成比较坚固的凝块，此凝块不易再溶于强酸和强碱中，这种现象称为蛋白质的凝固作用。实际上凝固是蛋白质变性后进一步发展的不可逆结果。

（5）拓展延伸：有人说吃完鸡蛋后不要立即饮茶，会危害人体健康，因为茶水中的鞣酸会让鸡蛋中的蛋白质凝固变性，从而影响消化吸收，造成胃肠道不适。其实根本没有那回事。鞣酸确实能与蛋白中氨基酸的氨基端结合，使蛋白质变性凝固沉淀，但这种作用是相对微弱的，而且还有取决于我们食物中鞣酸的量。并且，蛋白质变性不代表没有营养价值。虽然变性后的蛋白质会影响其正常的生物学活性，但一般并不影响我们对它的消化和吸收。实际上，我们人体并不能直接吸收蛋白质，而是将其分解为基本单位氨基酸或者小分子肽，蛋白质本身的生物学活性对消化和吸收影响不大。

（6）温润心灵：授课时引导学生关注社会热点问题、关心民生健康问题，引导学生应用所学的专业知识，分析并尝试解决社会问题。

（四）应用蛋白质呈色反应可测定溶液中蛋白质含量

（1）对比讲授：茚三酮反应是指蛋白质经水解后产生的氨基酸也可发生茚三酮反应。双缩脲反应是指蛋白质和多肽分子中的肽键在稀碱溶液中与硫酸铜共热，呈现紫色或红色，称为双缩脲反应（biuret reaction）。氨基酸不出现此反应。当溶液中蛋白质的水解不断增多时，氨基酸浓度上升，其用双缩脲反应可检测蛋白质的水解程度。

（2）温润心灵：授课时向学生简要介绍这几种方法的原理及各自的优缺点，使学生在以后的科研实验中灵活应用，培养学生的科研能力。

三、反思提升

拓展思考题（线上讨论）：人吃柿子过多，会出现肠道蠕动缓慢、消化不良等症状，请用你所学生化知识解释其原因，见图 1-3-3。

通过线上互动讨论，将学生理论知识与日常生活相联系，进一步拓展延伸，培养学生运用知识分析和解决问题的能力。本案例通过理论讲授＋案例分析＋主题讨论等形式，对蛋白质理化性质深入剖析，在知识讲授过程中将关爱患者、战胜苦难、爱国情怀、创新拼搏、诚信务实等思政元素贯穿其中，将知识传授与价值引领相结合，达到知识目标与思政目标同向同行、同频共振。

图 1-3-3　线上互动讨论

第二节　良性竞争，争取进步——酶的竞争性抑制

第一部分　教学设计

一、课程思政目标

运用线上线下、自测讨论等现代信息技术手段，引导学生思考并寻找答案，从被动学习

变为主动学习，提升分析问题、解决问题的能力。以酶的竞争性抑制为主线，理清其与疾病之间的关系，培养学生从形象到抽象的思考能力，使学生了解科技的最新发展动态，培养其科研思维和创新思维。

二、教学设计内容

（一）课前：课程思政引入

通过著名药物百浪多息的发现引出酶的竞争性抑制知识点，著名科学家的故事将学生引入科研思维，培养学生科研意识，形成创新思维。

（二）课中：课程思政贯穿授课过程

通过自创动画展示，让学生在理论知识学习的基础上，加深对酶竞争性抑制概念的理解，提高学生对课程学习的专注度，培养学生学习枯燥概念的兴趣，引发知识共鸣。

（三）课后：课程思政总结反思

通过展示磺胺类药物，并向同学讲解磺胺类药物治疗细菌感染的机制，加深对酶竞争性抑制机制的了解，培养学生领悟同类问题的解决方法和思路，锻炼他们分析问题、解决问题的能力。在产生对本学科知识价值认同感的同时，全面提升他们的医者职业胜任能力。

第二部分　思政案例

一、思政导引

（1）科学故事：20世纪初，人类医学已经有了大幅进步，可是面对细菌感染这个难题，众多的医学家却束手无策。那时候伤口感染的战士倒下就再不能醒来，其中很多人并非致命伤，而是因伤口细菌感染导致了败血症等并发症而无法救治。直到1932年，德国细菌学家多马克（见图1-3-4）发现了征服细菌的磺胺类药物——百浪多息。

数字资源10：酶的竞争性抑制

图1-3-4　多马克

（2）小组讨论：多马克认为，既然制造新药的目标是杀灭受感染人体内的病原菌，那么只在试管中试验药物的作用是不够的，必须在动物身上进行实验观察。他发现，百浪多息对感染链球菌的小鼠有极好的疗效，这个崭新的观点为寻找新药指出了正确的方向。巧的是多马克的小女儿在实验室中偶然因手指刺破感染了链球菌，生命垂危，紧急关头，多马克给女儿服用了百浪多息，挽救了她的生命。

（3）温润心灵：第一种磺胺类药物——百浪多息的发现和临床应用的成功，使得现代医学进入化学医疗的时代，而多马克也获得了1939年的诺贝尔生理学或医学奖，他这种持之以恒、推陈出新的科学精神值得我们每个同学去学习。

二、思政融入

（一）酶的竞争性抑制

酶的可逆性抑制作用分为三种，竞争性抑制、非竞争性抑制和反竞争性抑制。

（1）动画引入：抑制剂和酶的底物在结构上相似，可与底物竞争结合酶的活性中心，从而阻碍酶与底物形成中间产物，这种抑制作用称为竞争性抑制作用（见图1-3-5）。

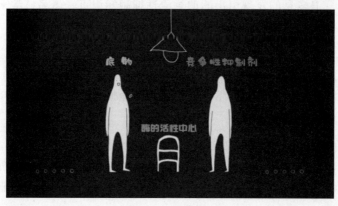

图1-3-5 竞争性抑制

（2）温润心灵：通过讲解告诫学生有竞争就有压力，有压力就会激发努力，努力的过程，也是进步的过程。

（二）酶的竞争性作用特点

（1）总结归纳：①竞争性抑制剂是酶的底物类似物。②抑制剂与酶的结合部位与底物与酶的结合部位相同。③抑制剂浓度越大，则抑制作用越大；增加底物浓度可使抑制程度减小。④动力学参数 K_m 值增大，V_{max} 值不变。

（2）温润心灵：在学习磺胺类药物作用机制知识点后，自然而然过渡到抗生素的合理使用话题。预防抗生素滥用，一直都是临床安全用药管理的重点。临床使用抗生素时需结合药敏试验结果，滥用抗生素容易出现耐药，甚至引发超级细菌感染，让学生了解这点，对于培养医师职业素养非常重要。

（三）临床应用

（1）生化机制：细菌利用对氨基苯甲酸和蝶呤啶在二氢蝶酸合酶的催化下生成二氢蝶酸，二氢蝶酸进而再生成二氢叶酸，进一步在二氢蝶酸还原酶的催化下合成四氢叶酸。磺胺类药物与对氨基苯甲酸化学结构相似，可以竞争性结合二氢叶酸合酶的活性中心，抑制二氢叶酸乃至四氢叶酸的合成。四氢叶酸是体内一碳单位转运的辅酶，四氢叶酸携带的一碳单位最重要的作用是在体内参与嘌呤、嘧啶核苷酸等多种物质的合成。磺胺类药物抑制了四氢叶酸的合成，进而干扰了一碳单位代谢，最终影响了核酸的合成，使细菌的生长增殖受阻。那么我们想必可以猜测到，根据竞争性抑制的特点，在服用磺胺类药物时，必须保持体内足够高的药物浓度，以发挥其有效的抑菌作用。

（2）温润心灵：告诫学生相信医学，在医生指导下用药，不能根据自己的需求随意调整药物剂量和服药时间。

（3）线上讨论：除了磺胺类药物，利用酶竞争性抑制原理的药物还有很多。请大家查阅资料，说说还有哪些药物是利用酶的竞争性抑制机理来进行疾病治疗的，具体的机制又是什么？

（4）拓展延伸＋开放思维：请在线上平台用漫画形式描绘出酶的竞争性抑制作用机制与特点（见图 1-3-6）。

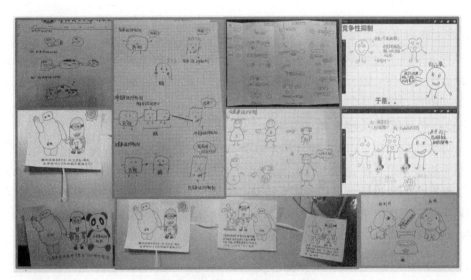

图 1-3-6　酶的竞争性抑制作用漫画作业

三、反思提升

通过著名药物——百浪多息的发现引出酶的竞争性抑制，讲述著名科学家的故事将同学们引入科研思维，培养学生的科研意识，形成创新思维。通过自创动画展示，让学生在理论知识学习的基础上，加深对酶竞争性抑制概念的理解，提高学生对课程学习的专注度，培养学生学习枯燥概念的兴趣，引发知识共鸣。通过讲解磺胺类药物的临床应用、磺胺类药物治疗细菌感染的机制，加深学生对酶竞争性抑制机制的了解，培养学生领悟同类问题的解决方法和思路，锻炼他们分析问题、解决问题的能力，在产生本学科知识价值认同感的同时，全面提升他们的医者职业胜任能力。

第三节　机会青睐有准备的人——DNA 修复

第一部分　教学设计

一、课程思政目标

以临床疾病为主线，以 DNA 突变修复对象、酶、过程及结果贯穿始终，理清突变、修复与疾病之间的关系，培养学生从形象到抽象的思考能力。同时通过科研反哺教学，将修复基因——XPF 基因多态与肿瘤相关性研究的内容引入课堂，拉近学生与科研的距离，使学生了解最新发展动态，培养其科研思维和创新思维。

二、教学设计内容

（一）课前：课程思政引入

通过《左传》中广为人知的句子"人谁无过？过而能改，善莫大焉"引出DNA修复的内容。

（二）课中：课程思政贯穿授课过程

本课程采用线上自主学习与线下特色探究相结合，以疾病情景、生化机制、临床机制、临床治疗为学习内容，进行专业知识的探究活动。与此同时，通过探究活动的实施，融入团结、友善、协作、诚信等思政元素，激发学生的学习热情，提高学习效果。

（三）课后：课程思政总结反思

通过课堂学习和线上讨论，以DNA修复为切入点，通过各种修复途径本质的学习，启发学生结合临床知识，探讨基因与疾病发展的相关关系，培养学生科研思维能力。以知识点为中心、探究为手段进行知识平台体系构建，培养学生创新的思维。启发学生思考问题，将前后知识串联，梳理出清晰脉络，完成知识拓展深化。通过学生对生化理论知识与临床疾病的探讨，让学生懂得医者之责任与担当。

第二部分　思政案例

一、思政导引

引经据典：通过《左传》中"人谁无过？过而能改，善莫大焉"著名句子，引出DNA修复。

问题驱动：DNA无时不受到体内物理、化学、生物等因素影响，为何还能稳定传递遗传信息？2015年诺贝尔化学奖的颁奖典礼上，来自美国、瑞典、土耳其的三位科学家共同给出了答案，即DNA损伤的修复。

数字资源11：DNA重组修复

二、思政融入

（一）修复概念及意义

（1）图片启发：展示日本科技艺术杂志Genes to Cells封面浮世绘"匠人修桶"（见图1-3-7）艺术作品，引出DNA修复过程的内容，即DNA损伤后，细胞会启动相应机制，对DNA损伤结构进行修复，重新执行其功能。

（2）启发引申

① 修复与衰老有关：寿命的长短与修复功能强弱有关系。衰老是生命发展的必然，其具有普遍性、不可逆性及危害性，而衰老最明显的表现为皮肤的衰老。皮肤衰老是一个漫长而复杂的过程，紫外线照射可造成皮肤细胞改变、导致胶原蛋白减少而引起皮肤衰老，是外因引起皮肤衰老的重要机制；而活性氧氧化产生的自由基对线粒体DNA造成的损伤是皮肤衰老的根本原因。

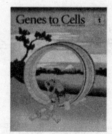

图1-3-7　浮世绘"匠人修桶"

② 修复与肿瘤有关：随着DNA损伤的持续进行，有些损伤并不能完全被修复，修复缺

陷导致基因突变可能会引起肿瘤的发生。其机制主要是由于原癌基因激活与抑癌基因失活平衡异常所导致，一旦平衡被打破，肿瘤自然也就发生了。

(3) 温润心灵：通过 DNA 修复概念及意义的讲授，启发学生建立损伤-异常-突变-癌变的临床思维，理解修复在医学中的应用，拓展知识的深度和广度。

（二）修复类型与机制

1. 直接修复

（1）启发思考：可见光（300～600nm）能激活细胞内的光修复酶，将 DNA 分子中因紫外线照射而形成的嘧啶二聚体分解为原来的非聚合状态（见图 1-3-8）。光修复酶专一性强，只作用于因紫外线照射形成的 DNA 嘧啶二聚体。

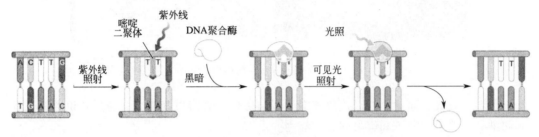

图 1-3-8 光修复过程

（2）温润心灵：如同 DNA 的光修复过程一样，人人都会犯错，但我们犯了错误，该如何面对呢？勇于承担责任，不是委曲求全，而是勇于面对自己，不断自我完善，所以说："知错能改，善莫大焉。"知错、认错、改过是我们人生的必修课之一。

2. 切除修复

（1）角色扮演：学生分别扮演医生和病人进行着色性干皮病的情景展示，说出疾病临床表现，从而引出切除修复的类型（见图 1-3-9）。

图 1-3-9 疾病情景展示

（2）道具展示：利用自制教具进行切除修复概念及分类教学。切除修复分为碱基切除修复和核苷酸切除修复两种途径（见图 1-3-10）。

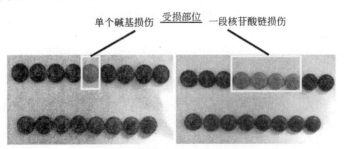

图 1-3-10 道具展示 DNA 损伤

（3）小组讨论：根据教师给出的四个关键词（修复对象、参与修复的酶、修复的时间及修复的结果），每小组学生提炼碱基切除修复和核苷酸切除修复两条途径的特点，通过自主学习与小组讨论绘制思维导图（见图 1-3-11）。

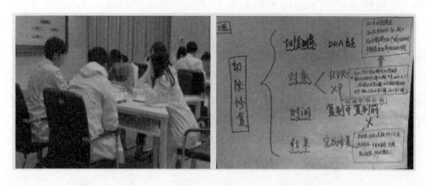

图 1-3-11　小组讨论并绘制思维导图

（4）温润心灵：通过小组讨论培养学生团结协作、思辨质疑能力；通过知识的提炼、总结和归纳，培养学生分析和解决问题的能力。

（5）拓展延伸：XP 基因与肿瘤关系——修复关键基因 *XPF* 基因单核苷酸多态性与北方地区食管癌相关关系研究。

（6）科研反哺：教师课题组成员将大学生创新项目中的科研成果在课堂上进行分享。

（7）温润心灵：通过项目的研究更加深入理解知识内涵，培养学生科研思维与创新思维，引导学生理解作为医生应具有关爱患者、尊重生命的医者责任与担当。

三、反思提升

将课程思政内容融入探究活动，对教学目标进行"升华"：以疾病为主线，以情景展示、生化机制、临床机制、临床治疗为内容，进行专业知识的探究活动。与此同时，通过探究活动的实施，融入团结、友善、协作、创新、批判、质疑、诚信、公正、责任、担当等思政元素，激发学生的学习热情，提高学习效果。同时，为学生建立深刻的场景记忆画面，提高学生学习、记忆效率。

第四节　正视问题、及时修复——DNA 的损伤因素

第一部分　教学设计

一、课程思政目标

通过分析 DNA 损伤因素及机制，综合 DNA 损伤与疾病的关系，培养学生分析、推理、总结问题的能力，使学生认识分子世界的奇妙和损伤修复系统对于 DNA 作为遗传信息主要载体的重要意义，以及修复系统缺陷同一些疾病的相关性。

二、教学设计内容

（一）课前：课程思政引入

以社会事件引起学生兴趣，深入阐述引起DNA损伤因素的种类与特点，对引起疾病的机制进一步探究，使医学生认识到医生的职责，树立良好的职业道德，凸显医者仁心的重要性。

（二）课中：课程思政贯穿授课过程

通过讲授DNA突变的体内及体外因素和科研实验，培养学生严谨的科研思维。通过讲授体外的物理和化学因素，联系生活实际，强调不仅要有精湛的医术，而且要有高尚的职业道德，保护患者的生命和健康，自觉加强医德修养。

（三）课后：课程思政总结反思

布置拓展任务，让学生认识到DNA突变具有两面性，在引起癌变和衰老的同时，也对科学研究和生产有着重要意义，告诫学生事物有两面性，要辩证看待问题。

第二部分　思政案例

一、思政导引

向同学们介绍"红心鸡蛋"的新闻（见图1-3-12）。"红心鸡蛋"为何这么红，原来是鸡饲料中掺了苏丹红，经常食用会危害人体的健康。让学生懂得职业道德与素养、理论知识在工作中的重要性，从而提高学生的德育意识，强化学生的职业使命感。

数字资源12：
DNA突变

图1-3-12　"红心鸡蛋"

二、思政融入

各种体内外因素所导致的DNA组成与结构的变化称为DNA损伤。损伤后DNA的结构发生永久性改变，即突变，导致DNA失去作为复制和/或转录模板的功能。

（一）体内因素

（1）理论讲授

① DNA复制错误。在DNA复制过程中，碱基的异构互变、4种dNTP之间浓度的不

第三章　美好生活之路　43

平衡等均可能引起碱基的错配。复制错误还表现为片段的缺失或插入。特别是 DNA 上的短片段重复序列，在真核细胞染色体上广泛分布，导致 DNA 复制系统工作时可能出现"打滑"现象，使得新生成 DNA 上的重复序列拷贝数发生变化。

② DNA 自身的不稳定性。当 DNA 受热或所处环境的 pH 值发生改变时，DNA 分子上连接碱基和核糖之间的糖苷键可自发发生水解，导致碱基的丢失或脱落，其中以脱嘌呤最为普遍。

③ 机体代谢过程中产生的活性氧。

（2）温润心灵：通过讲解 DNA 损伤修复缺陷和遗传性疾病之间的关系，培养学生的临床思维。DNA 自身的不稳定性就如同我们自身的状态，出现问题不要紧，及时调整，防止出现更严重的后果。

（二）体外因素

1. 理论讲授

（1）物理因素：①紫外线引起的 DNA 损伤：低波长紫外线的吸收，可使 DNA 分子中同一条链上相邻的嘧啶以共价键连成二聚体，相邻的两个 T、两个 C、或 C 与 T 间都可以环丁基环连成二聚体，其中最容易形成的是 TT 二聚体。②电离辐射引起的 DNA 损伤：电离辐射损伤 DNA 有直接和间接效应，直接效应是 DNA 直接吸收射线能量而遭损伤，间接效应是指 DNA 周围其他分子吸收射线能量产生具有很高反应活性的自由基进而损伤 DNA（见图 1-3-13）。

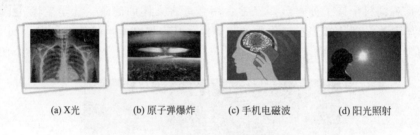

(a) X光　　(b) 原子弹爆炸　　(c) 手机电磁波　　(d) 阳光照射

图 1-3-13　物理因素

（2）化学因素：①自由基导致 DNA 损伤：自由基可与 DNA 分子发生反应，导致碱基、核糖、磷酸基受损，引发 DNA 结构与功能的异常。②碱基类似物导致 DNA 损伤：碱基类似物可取代正常碱基掺入 DNA 链中，并与互补链上的碱基配对，引发碱基的互换。③碱基修饰剂、烷化剂导致 DNA 损伤：这是一类通过对 DNA 链中碱基的某些基团进行修饰，改变被修饰碱基的配对，进而改变 DNA 结构的化合物。④嵌入性染料导致 DNA 损伤：嵌入性染料可直接插入 DNA 碱基对中，导致碱基对间距离增大，造成 DNA 两条链的错位，在复制过程中导致核苷酸的丢失、插入或移码。

（3）生物因素：生物因素主要是指病毒和霉菌，如麻疹病毒、风疹病毒、疱疹病毒、黄曲霉、寄生曲霉等。

2. 头脑风暴

进行小游戏——让它们回家：教师将混有各种因素的卡片以小组为单位进行发放，成员讨论后选出与诱发因素相关的卡片，并贴到黑板上（见图 1-3-14）。

3. 温润心灵

将理论知识与日常生活实际、科研实验相联系，培养学生的逻辑思维，并强调在科研实验室中要严格遵守实验室规章制度，培养严谨的科研精神。

三、反思提升

拓展思考题（线上讨论）：DNA 突变对我们来说是有利的还是有害的？突变有可能会带来疾病，但也给我们带来了多姿多彩的世界。任何事情都有它的两面性，都有好的方面，也有不好的方面，培养学生辩证分析和看待问题的意识。

图 1-3-14　小游戏

第五节　三大营养物质代谢的共同通路——三羧酸循环

第一部分　教学设计

一、课程思政目标

通过分享生化学家科学故事让学生体会科学家们的优秀品质和高尚人格，帮助学生识记三羧酸循环的概念，体会三羧酸循环的生理意义，将医学人文精神渗透到课程教学中，培养卓越医学人才。通过穿插"顺口溜＋形象比喻"，让学生认识代谢之间的物质转化过程及能量的变化，倡导大学生施行低碳生活、具备环保意识、建设生态文明、抱有家国情怀。

二、教学设计内容

（一）课前：课程思政引入

通过线上"回顾经典、感受大家"活动，推送知识点视频，同学们将观看后的感悟和收获在线上与大家一起分享讨论，在体会科学家优秀品质和高尚人格的同时引出本次课程的内容——三羧酸循环。

（二）课中：课程思政贯穿授课过程

通过问题驱动引出乙酰辅酶 A 进入三羧酸循环的单向反应，代谢物之间的转变、能量的生成与消耗，在神奇的代谢反应间，让同学们潜移默化地感受三羧酸循环的魅力。贯穿顺口溜与比喻拟人的教学设计，让学生理解三羧酸循环的知识要点，领悟科学的思维方式，培养学生持之以恒的科学精神和探索未知的科学素养。

（三）课后：课程思政总结反思

以小组为单元进行主题讨论："飞人"博尔特在进行百米冲刺赛跑时、同学们在课堂上听课和马拉松赛手在比赛时，体内的耗能方式是否相同？通过小组讨论，将所学的理论知识进行灵活运用，培养学生积极思考、分析和解决问题的能力。

第二部分　思政案例

一、思政导引

（一）感受科学大家，预习经典循环

（1）视频资料：课前利用学习通平台推送"汉斯·克雷布斯"及"三羧酸循环的发现与启示"（见图 1-3-15）。

图 1-3-15　三羧酸循环视频

（2）主题讨论：检查学生从"三羧酸循环"的发现过程中获得的感悟和收获，并进行课堂讨论，展示于 PPT。

（3）任务发布：利用自己的方式，将三羧酸循环的主要过程编排成一首打油诗、一首歌曲、一个故事或绘制成一幅画，便于记忆。

（4）温润心灵：适时引入著名生化学家的科学故事，以真实、鲜活的科学故事感染学生，引导学生深刻体会科学家们的优秀品质和高尚人格，培养学生严谨求实、开拓创新、勇于探索、不畏艰险的科学精神，以及为实现中华民族伟大复兴、为人类和平发展无私奉献的社会责任意识。

（二）三羧酸循环要点回顾

（1）问题驱动：丙酮酸氧化脱羧的产物乙酰 CoA 去哪了？引出本节课的内容，糖有氧氧化的第三阶段——"三羧酸循环"。

（2）引导概括：通过抢答、选人等方式，引导学生将"三羧酸循环"过程中的产能反应、脱羧反应、限速酶（参与不可逆反应的酶）和脱氢反应概括为"1、2、3、4"，即 1 次产能反应、2 次脱羧反应、3 个限速酶催化反应、4 次脱氢反应。"三羧酸循环"第一步、第四步和第五步反应为不可逆反应，因此，整个循环只能单方向运行。

（3）主题讨论：学习了此过程，你有何感悟？

（4）温润心灵：三羧酸循环的单向反应让我们想到，人生亦如此，青春岁月不可逆，奋斗的青春最美丽，珍惜时间不负青春好时光。如果青春的时光在闲散中度过，那么回忆岁月将会是一场凄凉的悲剧，不如好好珍惜自己的青春时光。激励同学们珍惜当下，刻苦学习，将来报效祖国。

(三) 三羧酸循环整体展示

(1) 温故知新：糖有氧氧化的前两个阶段，即糖酵解和丙酮酸氧化脱羧的发生部位、反应过程、限速反应步骤、关键酶。

(2) 动画展示：三羧酸循环步骤（见图 1-3-16），引导学生明确"三羧酸循环"的概念，即草酰乙酸（C4）和乙酰 CoA（C2）在柠檬酸合酶的催化下合成具有三个羧基的柠檬酸（C6），经过一系列氧化、脱羧又生成草酰乙酸的循环过程称为"三羧酸循环"（tricarboxylic acid cycle，TCA 循环）或"柠檬酸循环"。该循环共九步反应，所有反应都发生在线粒体中，线粒体被称为细胞的"能量工厂"。

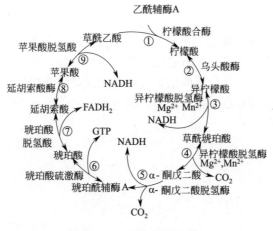

图 1-3-16 三羧酸循环步骤

(3) 提问强调：催化不可逆反应的柠檬酸合成酶、异柠檬酸脱氢酶和 α-酮戊二酸脱氢酶复合体是关键酶，通过共价修饰和变构调节方式调控"三羧酸循环"。当 NAD^+/NADH 的比值增高时，这三种酶活性增强，"三羧酸循环"速度加快，反之亦然。当 ATP 浓度增高时，这三种酶活性降低，"三羧酸循环"速度减慢。

(4) 温润心灵：通过讲解代谢之间的物质转化过程，倡导大学生施行低碳生活、具备环保意识、建设生态文明、抱有家国情怀。环保是一缕阳光，绿色是一缕清风，让"绿水青山就是金山银山"的理念在大学生之间传播，让低碳生活在大学校园生根。

(四) 总结归纳

讲授"三羧酸循环"的生理意义：三羧酸循环是糖、脂肪、氨基酸三大营养物质的代谢枢纽。1 分子葡萄糖经过 TCA 一次循环生成 3 分子 NADH 和 1 分子 $FADH_2$，经过糖有氧氧化的第四阶段分别得到 7.5 分子 ATP 和 1.5 分子 ATP，加上一次底物水平磷酸化生成 1 分子 GTP（相当于 ATP），共生成 10 分子 ATP。

(五) 巧思记忆

(1) 作业分享：展示学生自己所编故事、诗歌等记忆三羧酸循环的优秀作业。

(2) 记忆窍门：比喻、歌诀和谐音记忆，新奇有趣，经久不忘。"三羧酸循环"是机体利用糖和其他物质氧化获能最多最有效的方式，如果把"三羧酸循环"比喻为"燃烧炉"的话，乙酰 CoA 即是"燃料"，柠檬酸合酶就是"炉工"。"三羧酸循环"用歌诀记忆为"草酰乙酰成柠檬，柠檬又生 α 酮，琥酰琥酸延胡索，苹果落在草丛中"。谐音记忆为"炒你随意炒，铜壶呼盐瓶"，即"草拧顺异草，酮琥琥延苹"。

（3）温润心灵：西方有句谚语叫："条条大路通罗马"，告诉我们一个事实，通向成功的路各种各样，不管走哪一条，只要有自己的坚持，最终都会达成目的。当我们面对能突破、不能继续前进的目标时，完全可以用另辟蹊径的方法来解决，用别样的方法取代已经用熟的方式，用不同的思维思考新的问题，从而达到更好的预期结果。

（六）课后拓展

主题讨论：以小组为单元进行讨论，"飞人"博尔特在进行百米冲刺赛跑时、同学们在课堂上听课和马拉松赛手在比赛时，体内的耗能方式是否相同？

二、反思提升

本节课通过实施"视频＋讨论＋互动"教学形式，使师生之间相互学习、共同完善，引导学生在活跃氛围中，表达自己、倾听自己，引起思想共鸣，铭记三羧酸循环的流程和参与其中的关键酶。通过师生间、学生间的语言交流、观念碰撞和思想交锋，激发出更鲜明的主张，逐渐形成健康的是非观和提升批判能力，并内化于心，外化于行。

第二篇
专业知识课程思政

+ 第一章 ▶ 诺贝尔奖之路
+ 第二章 ▶ 经典实验之路
+ 第三章 ▶ 马哲辩证之路

第一章
诺贝尔奖之路

第一节 ➤ 双螺旋的魅力——DNA 的二级结构

第一部分　教学设计

一、课程思政目标

通过穿插 DNA 双螺旋结构的研究历史，将科学家的故事、人文关怀的故事及科研创新的故事融入其中，帮助学生了解双螺旋结构的理论基础，理解从实验结果到理论形成的分析过程，建立科研思维，培养学生勇于创新、探索未知的科研精神。

二、教学设计内容

（一）课前：课程思政引入

通过课前作业，将生物化学理论知识与生活实际相联系，让学生们发现生活中的双螺旋，进而发现生活中的美，从而引出本次课程的主要内容——DNA 双螺旋结构。

（二）课中：课程思政贯穿授课过程

简述 DNA 双螺旋结构的研究历史，从核酸的发现、命名到功能的认识，提示科学研究的曲折与艰辛，使学生树立正确的科学历史观，培养学生的细节观察能力和持之以恒的科研精神。通过讲述 DNA 双螺旋结构建立过程中系列科学家的故事，教育学生不要把眼光局限在自己研究的领域内，科学的发展向来是博采众长、包容并进的，只有广泛吸收并消化不同领域的成果，才可能取得更大的科研发现。

（三）课后：课程思政总结反思

通过创意作业的布置，让学生亲身体会 DNA 双螺旋的美，感受生命的意义，树立珍爱生命、尊重生命的医者情怀。

第二部分　思政案例

一、思政导引

通过发布的课前任务，即收集生活中的双螺旋（见图 2-1-1），让同学们展示自己发现的生活中的双螺旋。通过学生自己查找的生活中的双螺旋，使

数字资源 13：
DNA 二级结构

学生发现双螺旋的结构之美,领略分子之美,达到以美育人的目的。

图 2-1-1　生活中的双螺旋

二、思政融入

(一) DNA 双螺旋结构的研究背景

1. 理论讲授

(1) 碱基组成分析 Chargaff 规则：所有 DNA 分子中 [A] = [T]、[G] = [C]；同种生物的所有体细胞, DNA 碱基组成相同；亲缘越近的生物, 其 DNA 碱基组成越接近。

(2) DNA 纤维的 X 射线衍射图谱分析：Wilkins 和 Franklin 的 DNA X 射线衍射分析。

(3) 1953 年, Watson 和 Crick DNA 结构的双螺旋模式。

这些结果后来为 DNA 的双螺旋结构模型提供了有力的佐证。1953 年, Watson 和 Crick 以立体化学原理为准则, 对 Wilkins 和 Franklin 的 DNA X 射线衍射分析结果加以研究, 提出了 DNA 结构的双螺旋模式, 揭示了遗传信息是如何储存在 DNA 分子中, 以及遗传性状何以在世代间得以保持。这是生物学发展的重大里程碑, 与双螺旋研究背景相关的科学家见图 2-1-2。

Linus Pauling(1901—1994)　　Maurice Wilkins　　Rosalind Franklin (1920—1958)　　James Watson　　Francis Crick

图 2-1-2　与双螺旋研究背景相关的科学家

2. 温润心灵

通过介绍科研史上经典的人物故事, 使学生了解科学家闪光的科研精神和历史局限性, 使学生明白科学研究是建立在前人研究成果上的, 应该善于总结。培养学生的大局意识、协作精神和服务精神, 为今后工作中的团队合作奠定良好的精神基础。

(二) DNA 双螺旋结构模型要点

1. 理论讲授

1953 年 4 月 25 日, Crick 和 Watson 在英国杂志 *Nature* 上公开了他们的 DNA 模型 (见图 2-1-3)。经过在剑桥大学的深入学习后, 两人将 DNA 的结构描述为双螺旋, 在双螺旋的两部分之间, 由四种化学物质组成的碱基对扁平环连接着。他们谦逊地暗示说, 遗传物质可能就是通过它来复制的。这一设想是令人震惊的：DNA恰恰就是传承生命的遗传模板。

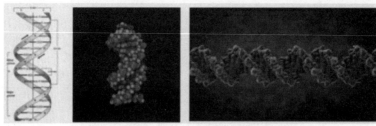

图 2-1-3　DNA双螺旋结构

（1）DNA分子由两条相互平行但走向相反的脱氧多核苷酸链组成，两链以-脱氧核糖-磷酸-为骨架，以右手螺旋方式绕同一公共轴盘。螺旋直径为2nm，以大沟及小沟相间。

（2）碱基垂直螺旋轴居双螺旋内侧，与对侧碱基形成氢键配对（互补配对形式：A＝T、G＝C）。相邻碱基平面距离0.34nm，螺旋一圈螺距3.4nm，一圈10对碱基。

（3）氢键维持双链横向稳定性，碱基堆积力维持双链纵向稳定性。

2. 温润心灵

通过介绍双螺旋的发现及诺贝尔奖的获得，使学生理解从实验结果到理论形成的分析过程，建立科研思维。通过介绍奥斯瓦德·西奥多·艾弗里（O.T.Avery）的经历，树立学生持之以恒的科研精神。

（三）双螺旋与生活

1. 理论讲授

由于DNA双螺旋的流动性、对称性和延伸感充分展示了生物之美的精髓，因此"双螺旋"元素也广泛被应用到建筑设计、珠宝设计和艺术作品、生活用品中。

举例介绍：日本双螺旋婚礼教堂、我国长沙双螺旋观景平台、台湾双螺旋结构大楼及双螺旋弯曲的木质衣架等，部分示例见图2-1-4。

图 2-1-4　双螺旋的美

2. 温润心灵

通过大量图片、举例介绍一些融入了"双螺旋"元素美的建筑作品、艺术作品，使学生能够体会美就在身边，感受生物分子结构之美，迸发追求美、创造美的热情。

三、反思提升

创意作业：应用手边的材料，手工制作DNA双螺旋（见图2-1-5）。

本节课的内容为"DNA的二级结构"，以双螺旋的结构特征为主线，分别从其研究过程中科学家的经典实验和科研故事等方面进行讲解，帮助学生理解本次课学习的知识目标。在知识讲授过程中将勇于创新、探索未知、迎难而上、团结协作等思政元素贯穿其中，将知识

图 2-1-5　DNA 结构线上手工创意作业

传授与价值引领相结合,达到知识目标与思政目标同向同行、同频共振。课前"发现生活中的双螺旋"激发学生的学习兴趣,对专业知识的学习和学生内在情感的生成做到了引领和升华,在深化学习教学内容的同时,提升了内容背后的情感与内涵。

第二节　志同道合的伙伴——Cori 循环

第一部分　教学设计

一、课程思政目标

通过对 Cori 循环和科学家事迹的讲解学习,培养学生分析问题、解决问题的能力,培养科学思维和创新意识以及不畏艰难的科学探究精神。

二、教学设计内容

(一)课前:课程思政引入

以互动提问形式引入课程内容,激发学生学习兴趣,培养学生科学思维,认识事物间的联系。

(二)课中:课程思政贯穿授课过程

通过对 Cori 循环过程和意义的学习,培养学生的科学思维及对事物间联系性的认识。通过对科里夫妇事迹的介绍,培养学生的创新意识和探究科学真理的精神。通过参与线上讨论,进一步培养学生的科学思维和分析、归纳、总结问题的能力。

(三)课后:课程思政总结反思

通过课堂学习和线上讨论,让同学们深入理解 Cori 循环,体会乳酸酸中毒发生的生物化学机制,深入理解肌肉组织发挥功能的能量来源,培养学生分析、解决问题的能力。

第二部分 思政案例

一、思政导引

我们已学习过葡萄糖的主要分解供能路径，在剧烈高强度运动时葡萄糖主要进行无氧氧化产生乳酸（见图 2-1-6），在肌组织中的乳酸之后的代谢去路如何？是彻底氧化分解，经糖异生变为葡萄糖。如果以乳酸进行糖异生，那么这个过程可以在肌组织中进行吗？不能，需要转运回到肝中去进行糖异生。肌组织中经葡萄糖无氧氧化产生的乳酸回到肝中进行糖异生，又得到葡萄糖，正是我们将要学习的内容，即 Cori 循环，也就是乳酸循环。

数字资源 14：乳酸循环

图 2-1-6 乳酸结构式

以互动提问形式引入课程内容，引发学生思考，激发学习兴趣，培养学生分析问题、解决问题的能力，培养科学思维，认识事物间的联系性。

二、思政融入

（一）Cori 循环

（1）理论讲授：Cori 循环又称为乳酸循环，发现于 1929 年，以其发现者卡尔·斐迪南·科里（Carl Ferdinand Cori）和格蒂·特蕾莎·科里（Gerty Theresa Cori）命名。

肌收缩（尤其是供氧不足时）通过糖的无氧氧化生成乳酸。乳酸通过细胞膜弥散进入血液后进入肝，在肝内异生为葡萄糖。葡萄糖释放入血液后又可被肌肉摄取，由此构成了一个循环（肌肉-肝脏-肌肉），即为 Cori 循环（见图 2-1-7）。

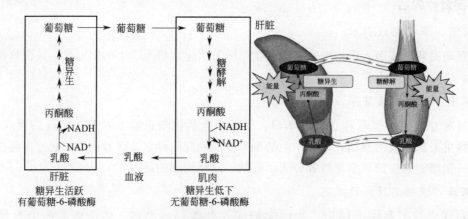

图 2-1-7 Cori 循环

Cori 循环的形成取决于肝和肌组织中酶的特点。其关键正是在糖异生过程中的关键酶之一——只在肝和肾脏中特异存在的葡萄糖-6-磷酸酶。

（2）启发思考：乳酸循环是耗能的过程，2分子乳酸异生成葡萄糖需消耗6分子ATP。图2-1-8为糖异生中的3处能量消耗图示。

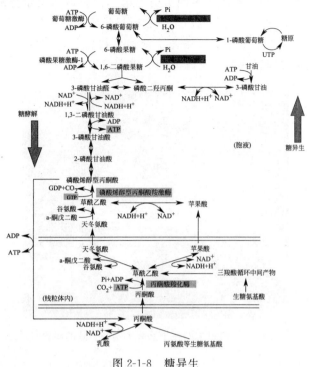

图 2-1-8　糖异生

Cori循环的生理意义：
① 乳酸再利用，避免了乳酸的损失；
② 防止因乳酸堆积引起酸中毒。

对运动员的研究表明，在完成剧烈运动后的30min内，肌肉无氧糖酵解过程中产生的大部分乳酸在肝脏中转化为葡萄糖，用于补充肌肉糖原储备。运动后应该"热身"的原因（同样的运动，但在有氧条件下）是为了增强循环，这样乳酸就会从肌肉中清除，并通过Cori循环在肝脏中用于葡萄糖合成。

（3）温润心灵：乳酸作为一个代谢终点的产物，不能在肌组织中直接异生为葡萄糖，而是通过Cori循环实现了乳酸从肌组织中的清除，同时又可以再获得葡萄糖为肌收缩提供能量，这样就构成了循环并实现了双重意义。这就如同面对困难我们应当发挥自身的长处，寻求合适的方法，以求问题顺利解决，同时不能孤立地看待问题，要注意事物间的联系性。在生活和工作中都应当遵循科学规律，用科学的思维认识问题，把握事物的本质和规律，找到解决问题的科学办法。

（二）The Coris——诺贝尔奖历史上的"夫妻档"

卡尔·斐迪南·科里（Carl Ferdinand Cori）和格蒂·特蕾莎·科里（Gerty Theresa Cori）夫妇是美国著名的生物化学家，都于1896年出生于布拉格。1920年，他们从布拉格卡洛斯·弗尔杰南德大学医学系毕业，发表了第一篇合作论文，并于同年结婚。夫妇两人共同合作，开展了关于体内血糖代谢的开创性工作。

（1）感同身受：1929年科里夫妇（见图2-1-9）发现了后来以他们名字命名的Cori循

环。1938—1939 年，他们进行了糖原代谢的研究。1947 年夫妇二人因发现糖原代谢中的反应机制，同阿根廷医生贝尔纳多·奥赛一起被授予了诺贝尔生理学或医学奖，是诺奖历史上的"夫妻档"。格蒂·科里也因此成为美国历史上第一位获得诺贝尔奖的女性科学家。她面对职称性别歧视，从未退缩，患病后也仍坚持进行科学研究，直到生命最后一刻。

科里夫妇共发表了多篇学术论文，培育了众多生物化学领域的出色人才。2004 年科里夫妇被授予"国家化学史里程碑"以纪念他们的重大发现。

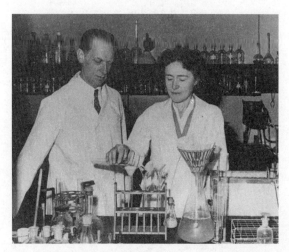

图 2-1-9　科里夫妇在华盛顿大学医学院的实验室

（2）温润心灵：通过介绍科里夫妇的故事，学习科学家坚韧、不畏困难、不懈奋斗的品格，创新思维和追求科学真理的探索精神，培养科学的价值观和世界观。让学生认识到，应诚信奉献、热忱待人，寻求志同道合的伙伴在人生道路上一同前进。

（3）思考＋线上讨论：运动过程中乳酸生成和清除的代谢变化。

（4）温润心灵：通过对相关资料的查阅及线上讨论的展开，使学生对糖代谢的学习进一步加深认识和理解。培养学生严谨的科学思维和分析、归纳、总结问题的能力。

三、反思提升

通过对 Cori 循环以及科学家事迹的课堂学习和线上讨论，将立德树人融入每个教学环节，培养学生的科学思维，不畏艰难的科学探索和创新精神，注重团结合作、诚信奉献的品格。

第三节　科学的传奇——蛋白质的一级结构

第一部分　教学设计

一、课程思政目标

通过对蛋白质的一级结构以及蛋白质测序技术发明的学习，培养学生分析、归纳、总结问题的能力，树立正确的世界观和价值观，培养科学创新思维和不畏艰难的科学探索精神。

二、教学设计内容

（一）课前：课程思政引入

以互动小游戏形式引入课程内容，培养科学思维。

（二）课中：课程思政贯穿授课过程

通过对蛋白质一级结构的学习，使学生积极向上，树立正确的价值观和世界观。通过对蛋白质测序技术发明的学习，培养学生的科学思维以及不畏困难、勇于探索真理的精神。通过线上讨论的参与，培养学生的科学思维和分析、归纳、总结问题的能力。

（三）课后：课程思政总结反思

通过课堂学习和线上讨论，将课程思政贯穿整个教学过程，培养合格的新时代建设者和接班人。

第二部分　思政案例

一、思政导引

（1）小游戏：拼一拼。给出学生"S、P、O、T"四个字母，让学生拼出不同的单词，引导学生将字母比喻成不同的氨基酸，通过氨基酸不同的排列顺序引出蛋白质的不同结构（见图2-1-10）。

数字资源1：
蛋白质的一级结构

图2-1-10　字母拼一拼

很显然，氨基酸的排列组成就是蛋白质的最初级结构，也就是一级结构。

（2）温润心灵：以互动小游戏形式引入课程内容，激发学习兴趣，培养学生分析、归纳、总结问题的能力，培养科学思维。

二、思政融入

（一）蛋白质的一级结构

（1）理论讲授：蛋白质就像一根绳团成的一个球状实体，分析理解蛋白质的空间结构，必须抽丝剥茧将其展开，分出层次。

根据对不同种类、不同形状、不同功能蛋白质三维结构的研究，已确认蛋白质的结构有不同的层次，人们为了方便认识，通常将蛋白质分子结构分成一级、二级、三级、四级4个层次，后三级统称为高级结构或空间构象。

蛋白质分子中从 N 端至 C 端的氨基酸排列顺序称为蛋白质的一级结构。一级结构中的主要化学键是肽键，有些蛋白质还包含二硫键。如果一种蛋白质含有二硫键，那么其一级结构还包括二硫键的数目和位置。

由于组成蛋白质的 20 种氨基酸各具特殊的侧链，侧链基团的理化性质和空间排布各不相同，可形成多种多样的空间结构和不同生物学活性的蛋白质分子。一级结构是蛋白质空间构象和特异生物学功能的基础。牛胰岛素的一级结构见图 2-1-11。

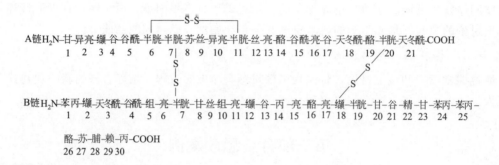

图 2-1-11　牛胰岛素的一级结构

（2）温润心灵：在讲解蛋白结构的概念时介绍我国取得的人工合成结晶牛胰岛素重大科技成果，培养学生探索未知、追求真理、勇攀科学高峰的责任感和使命感，激发学生的民族自豪感和创新精神。

（二）蛋白质测序技术的发明——弗雷德里克·桑格（Frederick Sanger）的成就

（1）理论讲授：蛋白质一级结构的测定是研究蛋白质其他层次的结构和功能的基础。最初，人们普遍认为蛋白质没有明确的组成和结构，而英国化学家弗雷德里克·桑格（见图 2-1-12）对牛胰岛素序列的成功测定彻底改变了这一观点。他在 1951 年和 1952 年确定了牛胰岛素含有 21 个氨基酸的 A 链和含有 30 个氨基酸的 B 链的完整氨基酸序列，这是科学家对蛋白质氨基酸组成的第一次测定，同时证明了蛋白质具有确定的化学组成。

图 2-1-12　弗雷德里克·桑格
（1918—2013）

桑格开发了 2,4-二硝基氟苯（DNFB）试剂，后称为 Sanger 试剂。DNFB 能有效地标记多肽链 N 末端残基生成二硝基苯多肽（DNP-多肽），再利用盐酸或胰蛋白酶等蛋白酶将牛胰岛素水解成短肽。在一张滤纸上对肽混合物进行二维分离，首先在一维进行电泳，然后在另一个维度垂直于该维度进行色谱分离。用茚三酮检测到的不同肽段在纸上移动到不同的位置，形成了桑格称为"指纹"的不同图案。通过 DNFB 标记赋予的黄色可以识别来自 N 末端的肽，并且可通过完全酸水解确定在肽末端标记的氨基酸特性，确定是哪一种 DNP-氨基酸。重复这样的过程，就能确定每个肽段的氨基酸序列，再将这些片段重新组合成氨基酸长链，进而推导出完整的牛胰岛素结构。

测定出牛胰岛素氨基酸排列顺序的成就使桑格获得了 1958 年的诺贝尔化学奖。之后他转向 DNA 测序领域，在 1977 年和同事们发明了允许长时间 DNA 快速准确测序的方法——

双脱氧链末端终止法,这一成就使他获得了 1980 年的诺贝尔化学奖。桑格是历史上唯一一位两次荣获诺贝尔化学奖的科学家,成为了科学界的传奇。

桑格等的工作为生命科学的进一步快速发展奠定了基础。随着技术进步,现在对蛋白质和 DNA 已经可以实现快速、低成本、高通量的测序。2020 年 10 月,在人类基因组图谱发布 20 年后,国际人类蛋白质组织宣布绘制出了人类蛋白质组首张测序草图,有望帮助科学家更好地理解生命并治疗疾病。

(2) 温润心灵:在我们感叹科学家的奇思妙想和光辉成就的同时,更要认识到在成果取得背后学者们所付出的不懈努力。作为新时代的接班人和建设者,更应心怀理想、不畏困难、勇于探究真理,培养科学思维及用科学的眼光看待世界。

(3) 查阅资料+线上讨论:蛋白质一级结构同高级结构以及功能之间的关系。

(4) 创意手工作业:通过手工绘制蛋白质结构,在亲身体验中体会蛋白质结构的特点,并培养学生的动手能力(见图 2-1-13)。

通过对相关资料的查阅及线上讨论的展开,使学生对蛋白质一级结构的意义进一步加深认识,培养学生的科学思维和分析、归纳、总结问题的能力。

三、反思提升

拓展延伸+线上讨论:通过讲解二级结构 α-螺旋提出的背景及其启示,将理论知识进行拓展延伸,并使学生思考,从中感悟科学的力量(见图 2-1-14)。

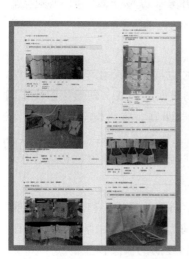

图 2-1-13　蛋白质创意手工作业

图 2-1-14　线上主题讨论

通过对蛋白质的一级结构以及蛋白质测序技术发明的课堂学习和线上讨论,将思政元素贯穿整个教学过程,培养学生分析、归纳、总结问题的能力,不断提升自我,树立科学、正确、积极的世界观和价值观,培养科学创新思维及不畏艰难的科学探索精神。

第四节 酶的情人——酶的本质

第一部分 教学设计

一、课程思政目标

通过"视频问题导入+授课+师生互动+仿真实验"的授课模式，让学生体验和阐释酶的发现过程，自主构建酶的概念模型，培养科学本质观，形成结构与功能相适应的生命观念；通过穿插"讲科学故事"的环节，把多个相对独立的科学事件按照"归纳现象、提出问题-分析问题、提出假说-设计实验、演绎推理-实施实验、得出结论"这种清晰而严谨的逻辑思路进行梳理分析，凸显科学史中科学知识的发现、转变过程，深刻理解科学知识的本质；通过贯穿"以科研促医学、以医学助科研、医学与科研有机结合"的理念，模拟和再发现酶的发现过程，了解科学结论的来源，体验科学家思维发生、发展的轨迹，提高科学思维能力；通过线上线下、多元化的教学形式和方法的应用，将充满正能量的主流价值观传递给学生，将科学育人与学科育人相结合，将医者使命感与医学价值观相结合，在潜移默化中实现育人效果内化于心、外化于行。

二、教学设计内容

（一）课前：课程思政引入

通过线上与线下的系列情境——"酶"好生活、"酶"力医学以及"酶"时"酶"刻，在生活中、医学中体会酶的存在，了解酶的本质，从而引出酶的内容。

（二）课中：课程思政贯穿授课过程

讲解生化学家科恩伯格在酶研究领域中的不懈求索，同时也展示了酶化学的发展历程。正如作者在回顾那些成就辉煌的研究时所言，他和他的同事们虽面临挑战，却最终解决了问题，这些成果已经在20世纪应用于解决系列重大的生命科学课题。告诉同学们讲究"仁爱"，强调"人命至重""大医精诚""德术并重""仁心仁术"。作为医学生，不仅需要具备过硬的理论知识与临床技能，更需要继承和发扬医德精神，并与新时代职业道德相结合。

（三）课后：课程思政总结反思

通过课堂学习和线上讨论，揭示了人们思考和解决生物学问题的思想历程。"酶的发现"是科学史探究过程中的杰出代表，引导学生回顾历史，以时间为序，沿着科学发现的历程，利用假说-演绎法进行科学探究，提升科学思维能力，进一步构建酶的概念模型。

第二部分 思政案例

数字资源15：酶的结构与功能

数字资源16：酶的工作原理

一、思政导引

（1）情境一："酶"好生活。视频播放《酶为生活添姿彩》短视频。

① 学习资料：酶在生活中无处不在。

② 主题讨论：目前家庭自制酵素特别流行，宣称"安全、健康、无污染"的酵素是否真的安全？谈谈你的看法（见图2-1-15）。

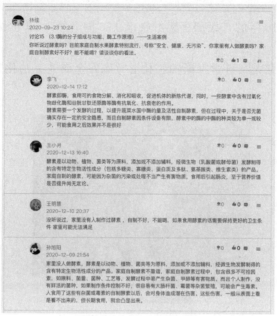

图 2-1-15　线上主题讨论

（2）情境二："酶"力医学。视频播放《酶与疾病》短视频。

① 药物展示：健胃消食片。

②"我问你答"小游戏：根据线上布置给学生的任务，通过"酶与生活、酶与医学、酶无处不在"的讨论进行问题的串联，以小组对垒的形式进行。游戏的创设符合学生的思维模式和生活情境，使学生获得对酶在医药方面应用的整体认知，从而引出本节课的内容——酶的本质（见图2-1-16）。

图 2-1-16　酶与生活

(3) 温润心灵：通过展示瓶装消食片和《酶与疾病》《酶为生活添姿彩》短视频，贯穿"健康中国"理念，激发学生对酶的本质探索的兴趣，唤起学生的求知欲。

二、思政融入

（一）酶的发现史

（1）情境："酶"时"酶"刻。穿越历史：探索酶的发现。

① 归纳现象，提出问题。

材料1：成书于1716年的《康熙字典》收录了"酶"字，19世纪欧洲酿酒业发现酿出的酒莫名其妙变酸。

材料2：1773年，意大利科学家斯帕兰扎尼"鹰吞金属笼、消化笼中肉块"的实验（见图2-1-17）。

图2-1-17　山鹰实验

分析资料，综合多种现象，学生会产生一连串的疑问：a. 粮食为什么能变成酒？b. 酒为什么会变酸？c. 笼中肉块为什么能消失？d. 金属笼的作用是什么？

② 教师总结：有同学提出的假说和巴斯德、李比希的观点不谋而合。

材料3：1857年，微生物学家巴斯德通过观察提出发酵需要活酵母细胞参与，化学家李比希认为发酵是酵母细胞死亡后释放的某些物质引起的。

（2）温润心灵：问题情境的设立能激发学生的创新思维活动，引导学生利用已学知识进行推理并提出合理的假设，教师及时给予评价和鼓励，以增强学生的自信心和成就感。

（二）设计实验，演绎推理

生物学结论来自实验。学生独立思考后，教师应提醒学生设计实验时，应注意科学性原则、单一变量原则、对照原则和可行性原则。

（1）问题驱动：模拟毕希纳实验思考问题：a. 毕希纳把酵母细胞放在石英砂中用力研磨的目的是什么？b. 为什么要加压过滤？c. 毕希纳把酵母细胞内引起发酵的物质称为什么？

（2）小组讨论：依据提出的不同假说，分组讨论，小组展示实验设计、预期的结果和结论。

（3）虚拟仿真：学生模拟巴斯德、李比希实验。

（4）问题驱动+知识拓展：分析两位科学家争论的本质问题是什么，如何设计实验论证各自的观点。引导学生找准变量，控制自变量，设计实验步骤。通过分析实验结果得出结论：酶是活细胞产生的具有催化作用的物质。鼓励学生课后进行虚拟仿真实验验证。

《酶的情人》：介绍 DNA 酶学之父科恩伯格研究酶的故事，并介绍其一家都对生物化学的发展做出的卓越贡献（见图 2-1-18）。

（5）温润心灵：在不断探索过程中，需要观察和实验，也需要推理和判断，通过分析、解决问题培养学生的科学思维。告诫学生遇到困难时，要积极思考，努力找到解决问题的办法，树立战胜困难的决心和信心。

（三）酶的化学本质

（1）问题驱动：酶的化学本质是什么？强调绝大多数酶的化学本质为蛋白质，少数情况下为 RNA（见图 2-1-19）。

图 2-1-18 书籍《酶的情人》

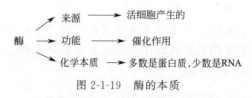

图 2-1-19 酶的本质

（2）故事驱动：1926 年，美国生物化学家萨姆纳首次分离并提纯了酶，并证明酶是一种蛋白质。其他科学家也相继获得胰蛋白酶等许多酶的结晶，证实酶是一种蛋白质。此后，科学家们普遍认为具有催化功能的酶都是蛋白质。1971 年，美籍加拿大分子生物学家奥尔特曼在实验中发现核糖核酸也具有催化功能，但他认为这种现象可能是自己所不知道的某种蛋白质催化的结果。1981 年，美国化学家切赫在实验中同样发现核糖核酸具有生物催化功能，他果断地公布了自己的结论，这时奥尔特曼也确信核糖核酸确实有生物催化作用。二人一起挑战权威和定论，于 1989 年获得诺贝尔化学奖。

（3）选人讨论：萨姆纳是怎样证明酶是一种蛋白质的？奥尔特曼和切赫在酶的研究中主要成就是什么？他们的什么精神值得我们学习？

（4）中国故事：1984 年，我国著名生化学家邹承鲁院士（见图 2-1-20）用自己创立的动力学方法，从变性平衡态和变性动力学两方面比较研究了多种不同类型的酶在变性过程中构象和活力变化的关系，发现变性时酶活性的丧失先于可察觉的构象变化。在进一步大量实验的基础上提出"酶活性部位处于分子的局部区域并柔性较高""酶活性部位柔性较高为酶充分表现活性所必需"等理论，邹承鲁院士为生物化学领域作出了具有重大意义的开创性工作。

（5）温润心灵：启示学生，只有把核心技术掌握在自己手中，才能真正掌握国际竞争和国家发展的主动权，才能从根本上保障国家经济安全、国防安全和其他安全，只有拿起科学武器、勇于创新，才能实现中华民族伟大复兴的中国梦。

（6）温故知新：与生物化学蛋白质的结构和功能知识点内容相联系，理解酶的本质。

（四）课堂互动

学生概述酶的发现历程，建立酶的概念。

图 2-1-20 邹承鲁院士

(1) 分组任务：小组成员进行讨论，以历史科学故事为主线，绘制概念导图。

(2) 思维拓展：理解酶的本质和概念。学习生物科学史能使学生沿着科学家探索生物世界的道路，理解科学的本质及科学研究的思路和方法，学习科学家献身科学的精神，这对提高学生的生物学核心素养很有意义。不直接告诉学生答案，而是请学生追溯科学史，沿着科学家的探究历程，完成概念图。

(3) 温润心灵：培养学生诚信公正、求真务实的科研态度；培养学生的大局意识、协作精神和服务精神，为今后工作中的团队合作奠定良好的精神基础。

(五) 平台讨论

学生以酶的本质为中心，对酶的工作原理机制进行讨论。

(1) 问题驱动：酶的工作原理是不是也是基于一开始确定的锁钥学说？有没有推翻并确定新的理论？

(2) 前沿拓展：2021 年 3 月 15 日，马克斯·普朗克研究所的科研团队在 Nature 发表了文章，研究发现人体细胞中存在一种"SCF - RBR E3 - E3"泛素连接酶超级组装，该组装可将泛素连接至 F-box 蛋白靶标，从而抵抗肿瘤发生。与此同时，研究人员还开发了一种新型低温显微镜，首次可视化了这种抗肿瘤新疗法。

(3) 温润心灵：基于科学研究的概念教学不仅有助于加强学生对抽象概念的理解和掌握、构建层级的概念体系，而且能让学生在概念构建的过程中学会科学探究的方法，培养科学思维，增强解决问题和团队合作的能力，促进学生核心素养的培育。

三、反思提升

酶本质的探索在《生物化学与分子生物学》教材中，属于"酶的分子结构与功能"内容的一部分。教材将知识融入科学史中，一方面使知识、事件与人物有机联系在一起，使枯燥的知识变得生动起来；另一方面让学生了解知识的来龙去脉，有利于学生对概念的全面理解，为学生熟练掌握假说-演绎法进行铺垫，对学生认识科学的发展过程、形成生命观念、提升科学思维和科学探究能力有重要的意义。生物科学史揭示了人们思考和解决生物学问题的思想历程。"酶的发现"是科学探究过程中的杰出代表，本节教学设计的理念是引导学生追溯历史，以时间为序，沿着科学发现的历程，利用假说-演绎法进行科学探究，提升科学思维能力，进一步构建酶的概念模型。

第五节 丑小鸭变为白天鹅——化学渗透学说

第一部分 教学设计

一、课程思政目标

通过对化学渗透学说的提出及主要内容的学习，培养学生的科学逻辑思维、创新意识和不畏艰难的科学探索精神，树立积极科学的世界观和价值观。

二、教学设计内容

（一）课前：课程思政引入

以启发思考提问的互动形式引入课程内容，通过"作为体内能量工厂的线粒体以怎样的方式产生能量"来引出本次知识点——化学渗透学说。

（二）课中：课程思政贯穿授课过程

通过对化学渗透学说主要内容的学习，培养学生树立积极向上的人生观和价值观，注重积累和自我提升，努力奋斗，实现个人价值和人生目标；通过对化学渗透学说提出的学习，使学生认识事物间的联系性，培养学生的科学创新思维、不畏艰辛探寻科学真理的精神；通过课后反思收获，使学生在掌握知识的同时感悟科学精神。

（三）课后：课程思政总结反思

通过课堂学习和布置作业，使思政元素同教学过程相契合，将课程思政落到实处，实现课程思政目标。

第二部分 思政案例

一、思政导引

（1）以问激思：线粒体（见图 2-1-21）作为机体内的能量工厂，以怎样的方式来产生能量？是氧化磷酸化。也就是说，在线粒体内膜上镶嵌的酶-蛋白质复合体之间和内部传递电子的过程中，伴随着ATP在线粒体基质中的合成。

数字资源 17：
化学渗透学说

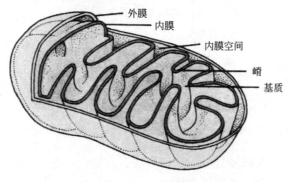

图 2-1-21 线粒体

（2）启发思考：在两条呼吸链（见图2-1-22）的电子传递过程中何以能够产生能量呢？这与一些酶-蛋白质复合体在电子传递过程中的另一个主要特点有关。复合体Ⅰ、Ⅲ、Ⅳ在电子传递过程中的特别之处是什么？它具有质子泵的作用。

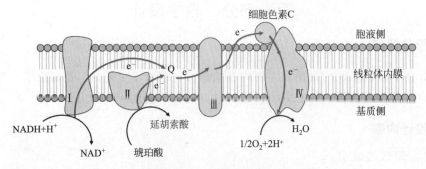

图 2-1-22　氧化呼吸链

（3）形象比喻：正是质子的跨线粒体内膜泵出具有重要的意义，形成了跨线粒体内膜两侧的质子浓度梯度。质子不能自由穿梭线粒体内膜。想象一下，线粒体内膜是水坝（见图2-1-23），累积的质子浓度梯度需要顺着像泄洪洞一样的特定通道从膜间隙侧回流到基质中（见图2-1-24），同时就驱动了基质中ADP的磷酸化，这一特定通道就是ATP合酶。这也正是对氧化磷酸化偶联机制的正确解释，也就是化学渗透学说。

图 2-1-23　水坝和泄洪洞

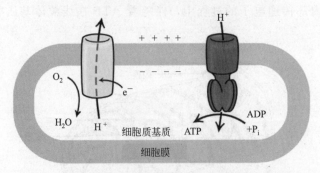

图 2-1-24　质子浓度梯度的重要意义

（4）温润心灵：以启发思考提问的互动形式引入课程内容，激发学习兴趣，培养学生分析、解决问题的能力，培养科学逻辑思维。

二、思政融入

(一) 化学渗透学说

化学渗透学说由英国生物化学家彼得·丹尼斯·米切尔（Peter Dennis Mitchell）于1961年提出。

(1) 动画展示：电子经氧化呼吸链传递时释放能量，通过复合体的质子泵作用将 H^+ 从线粒体内侧泵出至膜间隙。由于 H^+ 不能自由穿过内膜返回线粒体基质，这样 H^+ 在内膜两侧的浓度差就造成了内膜两侧的电位差，从而形成了线粒体内膜的质子电化学梯度，储存了电子传递所释放的能量。当质子顺浓度回流至基质时，储存的势能释放，就会驱动 ADP 和 Pi 生成 ATP。这一反应需要 ATP 合酶催化，ATP 合酶提供了质子回流的通道，这样就完成了氧化磷酸化的过程（见图 2-1-25）。

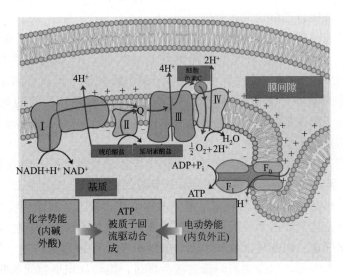

图 2-1-25　化学渗透学说

(2) 温润心灵：讲授化学渗透假说提出者米切尔（Peter Dennis Mitchell）的生平和科研经历，他在提出新的学说后勇于面对学术界的质疑，经过长达十多年的坚持和研究最终证明了学说的正确性并获得诺贝尔奖，以此来激励学生在未来的生活和科研道路上要敢于坚持和追求，勇于探索真理。

(二) 化学渗透学说的提出

对于氧化磷酸化详细机制的阐明同样经过了学者们很长时间的努力。科学家们在认识到线粒体内膜上各种酶-蛋白质复合体组成的电子传递链以及 ATP 合酶对催化 ATP 在基质中合成的作用之后，对两者之间要如何联系起来进行了探究。例如，认为是不是在电子传递过程中生成了某种高能的中间化合物分子，然后再提供能量使 ATP 合酶催化 ATP 生成。

米切尔在1961年提出的化学渗透学说新颖而独特，通过对细菌主动运输的研究，他将对生物膜性质特点的认识同在线粒体电子传递过程中产生 ATP 的这一过程结合了起来，将这一机制称为化学渗透（见图 2-1-26）。

(1) 感同身受：由于缺乏必要的实验依据的支持，化学渗透学说在提出伊始并没有得到科学界的接受，而是受到了众多生物学家的质疑和批判。1963年米切尔因工作遭到质疑和

图 2-1-26　米切尔 Peter Dennis Mitchell（1920—1992）

身体状况不佳从爱丁堡大学的研究室辞职。他没有停止研究工作，在 1965 年成立了自己的研究室，展开实验证实自己学说的正确性。

　　米切尔以及其他科学家后续的实验工作获得了大量证据证明了化学渗透学说的正确性，主要包括：a. 氧化磷酸化依赖于完整封闭的线粒体内膜；b. 线粒体内膜对 H^+、OH^-、K^+、Cl^- 是不通透的；c. 电子传递链可驱动质子移出线粒体，形成可测定的跨内膜电化学梯度；d. 增加线粒体内膜外侧酸性可导致 ATP 合成，而线粒体内膜的加入使质子通过物质，可减少内膜质子浓度梯度，结果电子虽可以传递，但 ATP 生成减少；e. 电子传递过程中复合体 I、III 和 IV 有质子泵功能等。

　　不断丰富的实验结果填补着细节的空白，化学渗透学说也从丑小鸭逐渐变为了白天鹅。20 世纪 70 年代之后，化学渗透学说得到了科学界的广泛认可，建立在此基础上的新研究和突破也广泛出现。1978 年，米切尔获得了诺贝尔化学奖，登上了科学荣誉和成就的顶峰。

　　（2）温润心灵：化学渗透学说的提出展现了米切尔惊人的科学创新思维，但也并非凭空想象，而是在生化学家、物理化学家和生理学家的早期工作中得到启发，提出的全新观点。我们也应当认真努力学习，学懂知识，做到融会贯通，能够认识事物间的联系性，对现象进行科学分析，总结规律，认识本质，培养科学思维，在科学道路的探寻上敢于创新，并遵循科学规律，在追寻真理的过程中不畏艰难困苦。

三、反思提升

　　通过对化学渗透学说的发现和主要内容的课堂学习和课后作业，将思政元素与教学过程充分融合，培养学生的科学逻辑思维和创新意识，提高学生分析解决问题的能力，使学生注重积累和不断提升自我，树立科学的世界观和价值观，培养不畏艰辛的科学探索精神。

第二章 经典实验之路

第一节 ⇨ 人类的生物学语言——密码子

第一部分 教学设计

一、课程思政目标

通过对遗传密码的主要特点和遗传密码破译过程的学习，使学生领悟科学精神，拓宽思维，用科学的思维和方法解决实际问题。培养学生开拓进取、勇于创新的精神。

二、教学设计内容

（一）课前：课程思政引入

以启发思考提问互动形式引入课程内容，培养学生的科学逻辑思维，认识事物间的联系性。

（二）课中：课程思政贯穿授课过程

通过对遗传密码破译的学习，提升学生的科学逻辑思维能力，学习用科学的思维和方法解决实际问题，培养学生开拓进取、勇于创新、不畏艰辛探寻科学真理的精神；通过对遗传密码的学习，培养学生分析、归纳、总结问题的能力，培养科学逻辑思维和临床思维；通过课后反思收获，使学生掌握知识，领悟科学精神。

（三）课后：课程思政总结反思

通过课堂学习和布置作业，深入发掘思政点，将思政元素融入教学各个环节，实现课程思政目标。

第二部分 思政案例

一、思政导引

DNA 是遗传信息的携带者，蛋白质是生命活动功能的体现者和执行者。两种生物信息大分子的语言通过 mRNA 作为中间分子实现了翻译，也就是以 mRNA 中的碱基序列指导了蛋白质氨基酸序列的合成（见图 2-2-1），而碱基序列与氨基酸序列是如何对应的呢？

数字资源 18：
蛋白质
合成体系

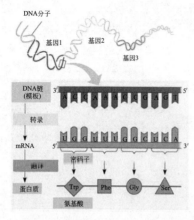

图 2-2-1　DNA→mRNA→蛋白质

（1）启发思考＋互动讨论：4 种不同的碱基怎样排列组合才能表达出 20 种不同的氨基酸？以 2 种碱基排列编码一种氨基酸的话，只有 16 种（$4^2=16$），不足以为 20 种氨基酸编码；以 4 种碱基排列编码一种氨基酸的话，有 256 种组合（$4^4=256$），则又太多了；以 3 种碱基排列编码一种氨基酸，有 64 种（$4^3=64$），是合适的。

确实是以 3 个碱基排列为一个遗传密码（即三联密码子）得到 64 种密码子，其中 61 种为 20 种氨基酸编码，3 种不为任何一种氨基酸编码而代表终止密码子。

对这一生命语言的认识和破译的过程同样历经了多位学者的努力探索。本次课程的主要内容就来认识遗传密码的破译和密码子的特点。

（2）温润心灵：以启发思考提问互动形式引入课程内容，激发学生学习兴趣，培养分析、演绎、归纳问题的能力，培养科学逻辑思维，更好地认识事物间的联系性。

二、思政融入

（一）遗传密码的破译工作

早在 1944 年，奥地利物理学家埃尔温·薛定谔（Erwin Schrödinger）在《生命是什么》一书中将遗传信息设想成摩尔斯电码式的微型密码形式（见图 2-2-2），展现了超越时代的远见卓识，启发了学者们对遗传密码的解读。

在 DNA 的双螺旋结构发现后，美国物理学家乔治·伽莫夫（George Gamow）最早通过数学排列组合的方式提出了对 3 个碱基编码一个氨基酸的具体设想，64 个密码子足以为 20 种氨基酸编码。

1961 年，南非生物学家悉尼·布伦纳（Sydney Brenner）等发现了 mRNA。同年弗朗西斯·克里克（Francis Crick）同布伦纳等用噬菌体突变体实验研究表明，密码子确实是以三联体核苷酸的形式代表着 20 种不同的氨基酸。并且密码子的阅读是不重叠的，多个密码子可为同一种氨基酸编码的特征也得到实验依据的验证。

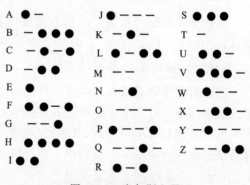

图 2-2-2　摩尔斯电码

（1）启发驱动：对密码子的具体破译工作由多位学者用了数年时间完成。1961 年马歇尔·尼伦伯格（Marshall Nirenberg）建立了体外无细胞蛋白质合成体系（见图 2-2-3），成功破译了第一个遗传密码，即 UUU 编码苯丙氨酸。在无细胞体系中加入人工合成的 poly U 作为模板，观察蛋白质的合成。对翻译产物进行分析后发现，合成的肽链中氨基酸残基全部都是苯丙氨酸，于是确认了 UUU 是苯丙氨酸的密码子。

科学家们沿着体外合成蛋白质体系的思路，不断改进实验方法，最终于 1966 年破译出了全部的密码子（表 2-2-1）。尼伦伯格同另外两位学者〔哈尔·科拉纳（Har Khorana）和罗伯特·霍利（Robert Holley）〕因解读了遗传密码及其在蛋白质合成方面的功能而获得

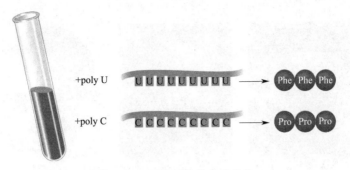

图 2-2-3 蛋白质体外合成实验

了 1968 年的诺贝尔生理学或医学奖（见图 2-2-4）。对生命的语言——遗传密码的成功破译使人类探索和揭示生命本质的研究向前迈进了一大步，是分子生物学和分子遗传学发展史上的一个重大里程碑。

表 2-2-1 遗传密码

第一碱基	第二碱基				第三碱基
	U	C	A	G	
U	UUU Phe UUC Phe UUA Leu UUG Leu	UCU Ser UCC Ser UCA Ser UCG Ser	UAU Tyr UAC Tyr UAA Stop UAG Stop	UGU Cys UGC Cys UGA Stop UGG Trp	U C A G
C	CUU Leu CUC Leu CUA Leu CUG Leu	CCU Pro CCC Pro CCA Pro CCG Pro	CAU His CAC His CAA Gln CAG Gln	CGU Arg CGC Arg CGA Arg CGG Arg	U C A G
A	AUU Ile AUC Ile AUA Ile AUG Met	ACU Thr ACC Thr ACA Thr ACG Thr	AAU Asn AAC Asn AAA Lys AAG Lys	AGU Ser AGC Ser AGA Arg AGG Arg	U C A G
G	GUU Val GUC Val GUA Val GUG Val	GCU Ala GCC Ala GCA Ala GCG Ala	GAU Asp GAC Asp GAA Glu GAG Glu	GGU Gly GGC Gly GGA Gly GGG Gly	U C A G

注：AUG 为起始密码子；UAA、UAG、UGA 为终止密码子。

（2）温润心灵：从科学家们前瞻性地提出设想到密码子的完全破译，展现出了学者们的敏锐、睿智和创新的素养。科学家们通过孜孜不倦的研究，坚持严谨的科学态度，进行实验方法的创新，实现了对科学真理的探索和验证。培养学生领悟科学家们的精神，树立积极向上的人生观和价值观，学好知识，掌握技能，拓宽思维，敢于提出问题，用科学的思维和方法解决实际问题。培养学生开拓进取、勇于创新的精神以及不畏艰辛探寻科学真理团结协作的品质。

（二）遗传密码的特点

（1）理论讲授

① 方向性　翻译时遗传密码的阅读方向是 $5'\rightarrow 3'$，即读码从 mRNA 的起始密码子

马歇尔·尼伦伯格
美国生化遗传学家
国立卫生研究院
(1927—2010)

哈尔·科拉纳
美国生物化学家
威斯康星大学
(1922—2011)

罗伯特·霍利
美国分子生物学家
康奈尔大学
(1922—1993)

图 2-2-4　1968 年诺贝尔生理学或医学奖获得者

AUG 开始，按 5′→3′方向逐一阅读，直至终止密码子（见图 2-2-5）。

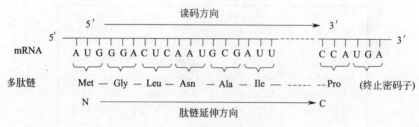

图 2-2-5　遗传密码的方向性

② 连续性　编码蛋白质氨基酸序列的各个三联体密码连续阅读，密码子及密码子的各碱基之间既无间隔也无交叉，即密码子无逗号。mRNA 链上碱基的插入、缺失和重叠，均可造成框移突变（见图 2-2-6）。

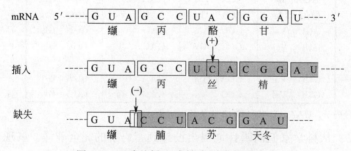

图 2-2-6　碱基插入或缺失引发框移突变

③ 简并性　一种氨基酸可具有 2 个或 2 个以上的密码子为其编码（见表 2-2-2）。

表 2-2-2　各种氨基酸的密码子数目

氨基酸	密码子数目	氨基酸	密码子数目
Ala	4	Leu	6
Arg	6	Lys	2
Asn	2	Met	1

续表

氨基酸	密码子数目	氨基酸	密码子数目
Asp	2	Phe	2
Cys	2	Pro	4
Gln	2	Ser	6
Glu	2	Thr	4
Gly	4	Typ	1
His	2	Tyr	2
Ile	3	Val	4

④ 摆动性　tRNA上反密码子的第1位碱基与mRNA密码子上的第3位碱基配对时，可以在一定范围内变动，即并不严格遵守常见的碱基配对规律，这种现象称为摆动配对（见图2-2-7）。

如果这些碱基位于反密码子的第一位或摆动位置				
C	A	G	U	I
G	U	C	A	C
		U	G	A
				U

然后tRNA可以识别mRNA中第三位碱基密码子

图 2-2-7　一种 tRNA 可识别 mRNA 中的多种简并性密码子

⑤ 通用性　蛋白质生物合成的整套密码，从原核生物到人类都通用。但已发现少数例外，如动物细胞的线粒体、植物细胞的叶绿体（见表2-2-3）。

表 2-2-3　已知线粒体遗传密码含义的改变

线粒体	密码子				
	UGA	AUA	AGA AGG	CUN	CCG
正常密码子含义	终止	Ile	Arg	Leu	Arg
脊椎动物	Trp	Met	终止	+	+
果蝇	Trp	Met	Ser	+	+
啤酒酵母	Trp	Met	+	Thr	+
丝状真菌	Trp	+	+	+	+
锥形虫	Trp	+	+	+	+
高等植物	+	+	+	+	Trp

（2）温润心灵：通过遗传密码特点的学习，培养学生分析、归纳、总结问题的能力，使学生认识到疾病同突变之间的联系，培养临床思维。将简并性和摆动性结合认识，培养学生的科学逻辑思维。

三、反思提升

通过对遗传密码主要特点和破译知识点的学习和课后作业的完成，充分发掘课程思政元素，将思政元素充分融入教学环节，培养学生感受并领悟科学家们的精神，拓宽思维，用科学的思维和方法解决实际问题，培养开拓进取、勇于创新的精神。

第二节 源于染料的抗菌药——酶的可逆性抑制作用

第一部分 教学设计

一、课程思政目标

通过对酶可逆性抑制作用的学习，培养学生的科学逻辑思维和创新意识，认识事物间的联系性和因果关系，培养分析、归纳、总结问题的能力，培养勇敢求真、不畏艰辛的科学探索精神。

二、教学设计内容

（一）课前：课程思政引入

以启发思考提问互动形式引入课程内容，培养学生的科学逻辑思维。

（二）课中：课程思政贯穿授课过程

通过对竞争性抑制作用的学习，使学生认识事物间的联系性和因果关系，培养学生科学的逻辑思维和临床思维；培养勇敢求真、敢于创新、不畏艰难地探索科学真理的精神；通过对非竞争性抑制作用和反竞争性抑制作用的学习，使学生认识事物间的联系性，培养科学逻辑思维。通过布置作业和课后反思，使学生感悟科学精神。

（三）课后：课程思政总结反思

通过课堂学习和布置作业，使思政元素同教学过程相契合，实现课程思政目标。

第二部分 思政案例

一、思政导引

酶的抑制剂可分为不可逆性抑制剂和可逆性抑制剂。可逆性抑制剂同不可逆性抑制剂的主要区别是什么？可逆性抑制剂以非共价键与酶可逆结合起到抑制作用。我们知道 $E+S \rightleftharpoons ES \rightarrow E+P$，那么可逆性抑制剂的结合对象可以是什么？可以结合 E 或者 ES。

数字资源10：酶的竞争性抑制

可逆性抑制作用：抑制剂通常以非共价键与酶可逆性结合，使酶的活性降低或丧失。抑制剂可用透析、超滤、稀释等方法除去。

根据抑制剂作用特点不同，可分为竞争性抑制、非竞争性抑制和反竞争性抑制。

以启发思考提问互动形式引入酶可逆性抑制作用的学习内容，激发学生学习兴趣，培养学生分析、推演、归纳问题的能力，培养科学逻辑思维。

二、思政融入

（一）竞争性抑制剂

（1）理论讲授

① 定义　抑制剂与底物的结构相似，能与底物竞争结合酶的活性中心，从而阻碍酶-底物复合物的形成。这种抑制作用称为竞争性抑制作用（见图2-2-8）。

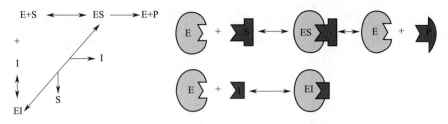

图 2-2-8　竞争性抑制剂反应模式

② 特点（见图 2-2-9）

a. I 与 S 结构类似，竞争性结合酶的活性中心。

b. I 与 E 可逆结合，抑制程度取决于 I 与 E 的相对亲和力和与底物浓度的相对比例；增大底物浓度可使抑制程度减小。

c. 动力学特点：V_{max} 不变，表观 K_m 增大。

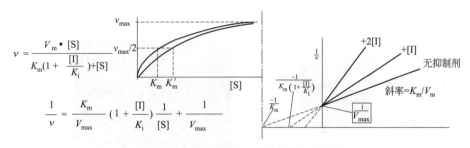

图 2-2-9　竞争性抑制剂对酶促反应速率的影响

学习认知竞争性抑制剂作用的意义和特点，培养学生分析、归纳、总结问题的能力，认识事物间的联系性和因果关系，培养科学逻辑思维。

③ 典型举例

a. 丙二酸（见图 2-2-10）

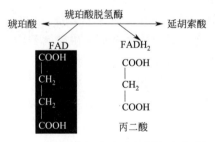

图 2-2-10　丙二酸与琥珀酸竞争琥珀酸脱氢酶

b. 磺胺类药物（见图 2-2-11）

磺胺类药物为人工合成的抗菌药，具有抗菌谱较广、性质稳定、使用简便等优点。世界上第一种商品化的合成抗菌药和磺胺类抗菌药——百浪多息（Prontosil）（见图 2-2-12），由德国病理学家和细菌学家格哈德·多马克（Gerhard Domagk）发现。

（2）大家故事：多马克的团队在拜耳公司实验室的工作是研究抗菌药物。在尝试了超过 3000 种化合物均失败之后，多马克开始以偶氮染料为核心进行不断尝试。1932 年，他将染

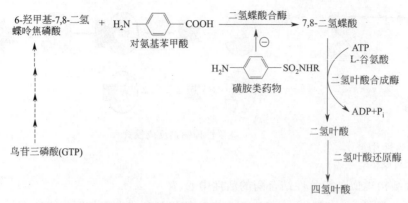

图 2-2-11　磺胺类药物的抑菌机制

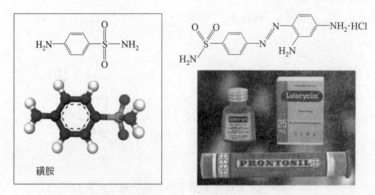

图 2-2-12　百浪多息

料连上磺胺基团得到的红色百浪多息在小鼠身上试验，证明能阻止葡萄球菌及溶血性链球菌的感染，并发现其毒性很小。后来他的小女儿手指被刺破患链球菌感染，多马克尝试性地给女儿服用了百浪多息，结果成功治愈了女儿的病。小女儿成为了第一位使用百浪多息来治疗细菌感染的临床试验者，这堪称一次伟大的献身。

（3）拓展延伸：多马克做了更加充分的研究和实验，并发表论文向全世界宣布他找到了一种可以人工合成的抗菌药。这一试验成果开创了磺胺类药物研制和治疗感染病的先例。随后，世界各国医药界都积极进行这项研制工作，陆续有上千种磺胺药被合成出来。由于发现了能有效对抗细菌感染的药物，多马克获得了1939年的诺贝尔生理学或医学奖。

（4）温润心灵：以典型例子让学生们深入理解竞争性抑制剂作用特点，并结合临床疾病治疗时的用药要求，阐述其背后与竞争性抑制作用机制的联系，从而培养学生的临床思维。通过百浪多息的发现历程，使学生感悟科学家的精神，鼓励学生勇敢求真、敢于创新、不畏艰难地探索科学真理。

（二）非竞争性抑制剂

（1）理论讲授

① 定义　有些抑制剂与酶活性中心外的结合位点相结合，不影响酶与底物的结合，底物也不影响酶与抑制剂的结合。底物和抑制剂之间无竞争关系，但酶-底物-抑制剂复合物（ESI）不能进一步释放出产物。这种抑制作用称为非竞争性抑制作用（见图2-2-13）。

② 特点（见图2-2-14）

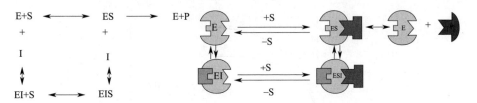

图 2-2-13 非竞争性抑制剂反应模式

a. I 与酶活性中心外的调节位点相结合，S 与 I 之间无竞争关系。
b. 抑制程度取决于抑制剂的浓度。
c. 动力学特点：V_{max} 降低，表观 K_m 不变。

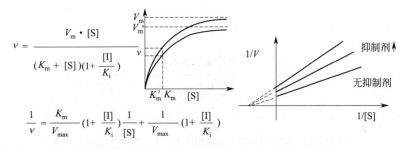

$$v = \frac{V_m \cdot [S]}{(K_m + [S])(1 + \frac{[I]}{K_i})}$$

$$\frac{1}{v} = \frac{K_m}{V_{max}}(1 + \frac{[I]}{K_i})\frac{1}{[S]} + \frac{1}{V_{max}}(1 + \frac{[I]}{K_i})$$

图 2-2-14 非竞争性抑制剂对酶促反应速率的影响

（2）温润心灵：学习认识非竞争性抑制剂作用的意义和特点，同竞争性抑制作用相比较，培养学生分析、推演、总结问题的能力，认识事物间的联系性，培养科学逻辑思维。

（三）反竞争性抑制剂

（1）理论讲授

① 定义　抑制剂仅与酶-底物复合物（ES）结合，使中间产物 ES 的量下降。这样，既减少了从中间产物转化为产物的量，也同时减少了从中间产物解离出游离酶和底物的量。这种抑制作用称为反竞争性抑制作用（见图 2-2-15）。

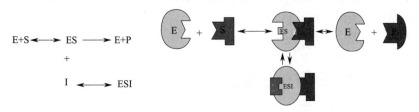

图 2-2-15 反竞争性抑制剂反应模式

② 特点（见图 2-2-16）

a. I 只与 ES 结合，生成的 ESI 复合物不能解离出产物。
b. 抑制程度取决于抑制剂浓度和底物浓度。
c. 动力学特点：V_{max} 降低，表观 K_m 降低。

（2）温润心灵：学习认知反竞争性抑制剂作用的意义和特点，同竞争性抑制作用、非竞争性抑制作用相比较，培养学生分析、归纳、总结问题的能力，认识事物间的联系性，培养

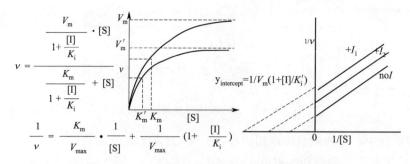

图 2-2-16 反竞争性抑制剂对酶促反应速率的影响

科学逻辑思维。

(四) 总结三种可逆性抑制作用（见表 2-2-4）

表 2-2-4 三种可逆性抑制作用的比较

作用特征		无抑制剂	竞争性抑制	非竞争性抑制	反竞争性抑制
与 I 结合的组分			E	E、ES	ES
动力学参数	表观 K_m	K_m	增大	不变	减小
	最大速度	V_{max}	不变	降低	降低
林-贝氏作图	斜率	K_m/V_{max}	增大	增大	不变
	纵轴截距	$1/V_{max}$	不变	增大	增大
	横轴截距	$-1/K_m$	增大	不变	减小

学习总结酶三种可逆性抑制剂的特点和比较，找出三种可逆性抑制作用之间的区别与联系，培养学生分析、归纳、总结问题的能力，培养科学逻辑思维。

三、反思提升

通过对酶可逆性抑制剂的课堂学习和课后作业，深入发掘思政元素，使其与教学过程充分融合，培养学生的科学逻辑思维和创新意识，认识事物间的联系性和因果关系，培养学生勇敢求真、不畏艰辛的科学探索精神。

第三节 镰刀型细胞贫血病的发病机制——蛋白质结构与功能的关系

第一部分 教学设计

一、课程思政目标

通过介绍经典实验，使学生充分认识到严谨的科研是认识疾病发病机制的基础，而技术的进步是治疗疾病的关键，为学生今后的科研思维及临床思维转化提供引导。通过鼓励学生参与教学活动并及时给予积极的肯定，树立学生将来工作和生活的自信心。

二、教学设计内容

（一）课前：课程思政引入

教师发布方案内容及活动流程：通过镰刀型细胞贫血病的相关探讨，培养学生团结协作的精神和医生的责任与担当。

（二）课中：课程思政贯穿授课过程

通过镰刀型细胞贫血机制的探讨，让学生认识到专业基础知识对于临床疾病的重要性，让学生意识到医者的责任与担当；通过探究活动，培养学生的科学思维和分析、归纳、总结问题的能力。

（三）课后：课程思政总结反思

通过课堂思辨质疑的探究活动，将课程思政贯穿整个教学过程，培养学生的医者仁心。

第二部分　思政案例

数字资源19：肽平面

数字资源20：α-螺旋

数字资源21：β-折叠

一、思政导引

1910年，一个黑人男青年到医院就诊，他的主要表现是发热与肌肉酸痛，经过一系列检查后发现，他所患的是当时人们尚未认识的一种特殊的贫血症，其红细胞不是正常的圆盘状，而是呈弯曲的镰刀状。后来，人们就把这种疾病称作镰刀型细胞贫血病。通过小故事引入课程内容，激发学生学习兴趣，培养学生发现问题、解决问题的能力以及探究真理的科学精神。

二、思政融入

（一）蛋白质一级结构与功能的关系

（1）理论讲授：蛋白质一级结构与空间结构关系主要包括四方面内容。

① 一级结构是空间构象的基础。

② 一级结构相似的蛋白质具有相似的高级结构与功能。

例如，不同哺乳类动物的胰岛素分子结构都由A和B两条链组成，一级结构也仅有个别氨基酸差异，因而它们都执行着相同的调节糖代谢等生理功能（见表2-2-5）。

表 2-2-5　不同物种胰岛素一级结构的差异

胰岛素	氨基酸残基序号			
	A5	A6	A10	A30
人	Thr	Ser	Ile	Thr
猪	Thr	Ser	Ile	Ala
狗	Thr	Ser	Ile	Ala

续表

胰岛素	氨基酸残基序号			
	A5	A6	A10	A30
兔	Thr	Gly	Ile	Ser
牛	Ala	Gly	Val	Ala
羊	Ala	Ser	Val	Ala
马	Thr	Ser	Ile	Ala

③ 氨基酸序列提供重要的生物进化信息。

④ 重要蛋白质的氨基酸序列改变可引起疾病。

即以镰刀型细胞贫血病为例，启发学生理解蛋白质一级结构改变如何引起疾病，认知"分子病"，在后续小组汇报中进一步加深认识。

(2) 温润心灵：通过量变与质变的相互关系，告诫学生在日常的学习中要及时纠正自己的不良习惯，不能听之任之，要养成良好的习惯，为今后的学习和工作打下良好的基础。

(二) 蛋白质构象的改变与疾病

(1) 临床应用：蛋白质构象改变导致的疾病包括人纹状体脊髓变性病、阿尔茨海默病、亨廷顿舞蹈症、疯牛病等。疯牛病是由朊病毒蛋白 (prion protein, PrP) 引起的一组人和动物神经退行性病变。正常的 PrP 富含 α-螺旋，称为 PrPc。PrPc 在某种未知蛋白质的作用下转变成全为 β-折叠的 PrPsc，从而致病（见图 2-2-17）。

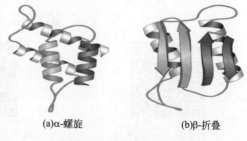

(a) α-螺旋　　　　(b) β-折叠

图 2-2-17　蛋白质结构的改变

(2) 温润心灵：通过构象与疾病的讲解，使学生明白，生命活动需要很多个环节去保证机体的正常运行，因此要敬畏生命、珍惜生命。

(三) 镰刀型细胞贫血病

(1) 情景展示：镰刀型细胞贫血病是一种常染色体显性遗传疾病。病因 β 肽链第 6 位氨基酸谷氨酸被缬氨酸所代替，构成镰状血红蛋白（HbS），取代了正常血红蛋白（HbA）（见图 2-2-18）。临床表现为慢性溶血性贫血、易感染和再发性疼痛，危象是引起慢性局部缺血从而导致器官组织损害。主要通过输血、药物治疗等方法进行治疗。纯合子患者愈后较差，杂合子患者愈后相对较好。通过情景案例分析及基因诊断等方式，对镰刀型细胞贫血病的诊断建立认识。

图 2-2-18　疾病情景展示

（2）温润心灵：通过镰刀型细胞贫血病的生化机制，使学生认识到分子改变可引起疾病，培养学生分析、解决医学问题的能力。

（四）镰刀型细胞贫血病临床机制

拓展延伸：镰刀型细胞贫血病的发病过程可分为三个阶段：大量异常血红蛋白（HbS）脱氧聚合、红细胞膜损伤、细胞失水变形。患者的血管内皮细胞粘连性增加，尤其是脱落到血液中的血管内皮细胞对黏附过程起促进作用，也加剧了血管阻塞及溶血。主要症状如下。

① 黄疸　因溶血可引起黄疸。镰刀型细胞贫血病的黄疸常常缓慢出现并逐渐加深。

② 疼痛　镰变的红细胞僵硬、变形性差，可受血管的机制破坏和单核巨噬系统吞噬而发生溶血。镰变的红细胞还可使血液黏滞性增加、血流缓慢、易堵塞毛细血管，引起局部缺氧和炎症反应导致相应部位产生疼痛，多发生于肌肉、骨骼、四肢、关节、胸腹部，尤以关节和胸腹部常见。

③ 心脏扩大　缺血与慢性贫血使心脏收缩期排血量增多，心肌细胞收缩幅度增大引起心脏扩大。

④ 骨质疏松　导致脊柱变形呈双凹形或鱼嘴形，股骨头无菌性坏死；而另外骨骼梗死又可导致骨小梁增加和骨质硬化。

三、反思提升

线上平台小组探究活动总结：基于镰刀型细胞贫血病相关内容绘制思维导图（见图2-2-19）。

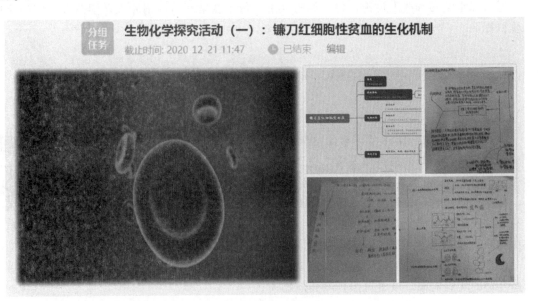

图 2-2-19　探究活动思维导图

通过对蛋白质结构与功能的学习，将思政元素贯穿整个教学过程；通过探究活动，培养学生团结协作的精神，引导学生不断提升自我，树立正确的世界观和价值观。引导学生从病人角度出发，对患者感同身受并进行人文关怀，培养学生的医者仁心。

第四节 DNA 的使命——肺炎双球菌转化实验

第一部分 教学设计

一、课程思政目标

通过对证实 DNA 是遗传物质的经典实验——肺炎双球菌转化实验的讲解学习，培养学生提出问题、分析问题、解决问题的能力及不畏艰难的科学探究精神。

二、教学设计内容

（一）课前：课程思政引入

以"如何证实遗传物质是 DNA 而不是其他物质"的讨论引入课程内容，引发学习兴趣，培养学生提出问题、解决问题的能力以及创新意识和科学思维。

（二）课中：课程思政贯穿授课过程

通过对 Friedrick Griffith 肺炎双球菌转化实验的学习，培养学生的探究精神、创新意识和科学思维；通过对 Oswald Avery 等肺炎双球菌体外转化实验的学习，培养学生不畏困难、寻找真理以及注重团结协作、诚信奉献的品格；通过对相关资料的查阅及线上讨论的展开，培养学生严谨的科学思维和分析、归纳、总结问题的能力。

（三）课后：课程思政总结反思

通过课堂学习和线上讨论，将立德树人融入每个教学环节，培养人，塑造人，实现课程思政目标。

第二部分 思政案例

一、思政导引

（1）启发驱动：1868 年，瑞士化学家 Friedrich Miescher 首先从脓细胞分离出细胞核，用碱抽提再加入酸，得到一种含氮和磷特别丰富的沉淀物质，称为"核素"，后来被称为核酸。之后对核酸结构组成的研究进一步开展发现，与蛋白质相比，核酸的组成单位相对简单。早期的研究仅将核酸看成是细胞中的一般化学成分，没有引起人们的重视。后来，才开始将核酸和细胞的功能联系起来。

数字资源 22：
核酸的化学组成

（2）互动讨论：如何证实遗传物质是 DNA 而不是其他物质（见图 2-2-20）？设计实验，选择合适的实验对象，设置对照排除其他物质。

经过了多位科学家长时间的工作，从 1928 年 Friedrick Griffith 的肺炎双球菌体内转化实验到 1944 年 Oswald Avery 等的肺炎双球菌体外转化实验，证实了 DNA 在生物体内的功能是作为遗传物质。

图 2-2-20 遗传物质是什么

二、思政融入

（一）Griffith 的肺炎双球菌体内转化实验

（1）批判质疑：最早的观点认为遗传物质是蛋白质，科学家们的工作正是通过实验证实了生物体内的主要遗传物质是 DNA，而蛋白质不具有这样的功能。1928 年英国细菌学家 Friedrick Griffith 进行了肺炎双球菌的转化实验，这是 DNA 作为遗传物质的第一个有利证据。他采用了两种肺炎双球菌进行实验，使小鼠感染会导致小鼠患败血症死亡的 S 型菌（光滑型菌群）和不会引起小鼠死亡的 R 型菌（粗糙型菌群）（见图 2-2-21）。

图 2-2-21 两种肺炎双球菌

（2）实验过程：S 型菌感染小鼠会导致小鼠患败血症死亡，将 S 型菌加热致死后再感染小鼠则不会致病。R 型菌感染小鼠不会引起小鼠死亡，如果将 R 型菌和热致死的 S 型菌混合后感染小鼠，则能导致小鼠死亡，并在其体内检出活的 S 型菌（见图 2-2-22）。

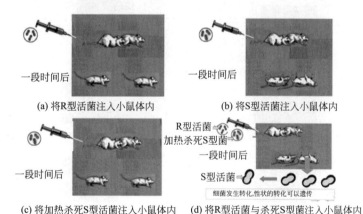

图 2-2-22 肺炎双球菌转化实验

（3）实验探究

①对比图 2-2-22 中（a）、（b）组的实验现象，说明了什么？——S 型活菌使小鼠死亡。

②（d）组小鼠为什么会死亡？——由于体内有 S 型活菌。

③S 型活菌是怎样出现的？——R 型活菌转化成了 S 型活菌。

④ 什么使 R 型活菌转化为了 S 型活菌？——加热杀死的 S 型菌使 R 型活菌发生了转化。

（4）实验结论：已经被加热杀死的 S 型菌中，必然含有某种促成这一转化的活性物质——"转化因子"。

（5）启发思考：哪种物质才是转化因子？如何设计实验来确定转化因子？

（6）实验设计：寻找转化因子——在杀死的 S 型菌中含有哪些物质？思路：将 DNA 和蛋白质等物质区分开，直接、单独地观察各自的作用。

（7）温润心灵：Friedrick Griffith 的肺炎双球菌体内转化实验，最早发现了转化作用。选择合适的实验对象和合理的实验方法是成功的重要基础。对实验现象、结果的进一步分析和得出正确结论是探究科学真理的道路。通过这一部分内容的学习，培养学生的探究精神、创新意识和科学思维。

（二）Avery 等的肺炎双球菌体外转化实验

1944 年，美国细菌学家 Oswald Avery 等完成了肺炎双球菌体外转化实验，并确定了这种转化因子的化学本质是 DNA，而不是蛋白质或其他大分子物质。

将 S 型菌加热杀死后，分离出多糖、脂类、蛋白质、RNA 和 DNA（见图 2-2-23），分别加到 R 型菌中培养，结果仅在加入 S 型菌 DNA 的 R 型菌中发生了转化。同时用不同的水解酶来处理各提取物，观察对实验的影响，结果发现在 DNA 中加入 DNA 酶后则不能发生转化。

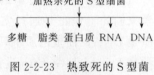

图 2-2-23　热致死的 S 型菌中的物质分离

（1）实验目的：寻找转化因子。在杀死的 S 型菌分离的物质中哪一个才是转化因子？

（2）实验过程：见图 2-2-24。

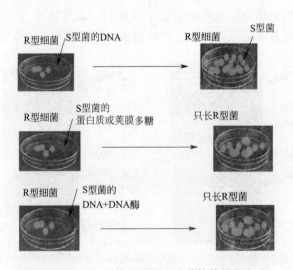

图 2-2-24　Avery 等的肺炎双球菌体外转化实验

（3）实验探究

① 如何设置对照组和实验组？——各组互为对照。

② 如何避免无关因素的影响？——等量原则，各组放到同样的条件下培养。

③ 观察的内容？——观察菌落。

(4) 实验结论：转化因子是 DNA，DNA 是使 R 型菌产生稳定遗传变化的物质，即 DNA 是遗传物质。

(5) 温润心灵：在 Griffith 的肺炎双球菌体内转化实验基础上，Avery 等的肺炎双球菌体外转化实验证实了 DNA 是遗传物质，这对于后来生命科学的飞速发展奠定了重要基础，核酸的研究也进一步蓬勃开展。科学的发展向来都不是一帆风顺的，真理总是在经历了无数次的怀疑后才呈现到世人面前。科学成果的发现往往都需经历学者们漫长的努力和探索过程。设计合理、科学的实验方案，对结果的合理、重复验证都是非常重要的。使学生认识到应当不畏困难，寻找真理，敢于提出问题，培养勇于探究的精神、严谨的科学思维和注重团结协作、诚信奉献的品格。

查阅相关资料，参与线上讨论，加深对肺炎双球菌实验的理解。通过对相关资料的查阅及线上讨论的展开，使学生对遗传物质的本质进一步加深认识，包括对 DNA 是主要遗传物质的进一步理解以及对 RNA 作为 RNA 病毒遗传物质的认识，培养学生严谨的科学思维和分析、归纳、总结问题的能力。

三、反思提升

通过对证实 DNA 是遗传物质的经典实验——肺炎双球菌转化实验的课堂学习和线上讨论，将立德树人融入每个教学环节，使学生提出问题、分析问题、解决问题的能力得到培养和提升，反思收获，提升自我，培养创新思维和注重团结合作、诚信奉献的品格。

第五节 地震中奇迹生还的"猪坚强"——脂肪酸的 β 氧化

第一部分 教学设计

一、课程思政目标

通过贯穿"科学精神"的理念和目标，帮助学生掌握脂肪酸在细胞的转运原理，探究脂肪酸分解代谢的机制，将医学人文精神渗透到课程教学中，培养卓越医学人才。通过穿插"讲科学故事"的理念和设计，将科学家的典故及知识创新的故事融入其中，帮助学生了解脂肪代谢导致的疾病及临床治疗，培养学生关爱病人、温暖他人的意识，激发学生追求真理、勇于创新的精神，树立学生爱我中华、强我国家的情怀，培养具有"仁心仁术"的卓越医学人才。通过实施"视频＋授课＋前沿"教学模式，引导学生灵活运用已掌握知识，联系生活及临床现象进行解释；通过对糖脂代谢之间联系情况的学习，帮助学生提高构建知识体系的能力，并进一步引导学生深入学习和更新知识，能够独立思考、分析及解决问题，培养具有良好科研习惯、严谨求实科学态度的卓越医学人才。

二、教学设计内容

（一）课前：课程思政引入

采用"视频＋主题讨论"方式，引入课程内容。以汶川地震中废墟下被埋 36 天仍奇迹生还的"猪坚强"为例，引出体内储存脂肪的重要性。脂肪由脂肪酸和甘油构成，脂肪酸分解后能够产生大量的能量和水分。请学生们思考,假如"猪坚强"在地震前就是一只瘦骨嶙峋的猪,那它还能活下来吗?通过引入案例的方法,调动学生的兴趣和积极性。在活跃的气氛中,开始学习脂肪酸分解过程。

(二)课中:课程思政贯穿授课过程

(1)经典实验+动画讲解+启发:通过讲述 Knoop 喂养狗的经典实验故事和介绍肉碱来源并观看动画,使学生们不但能直观了解肉碱将脂酰基从细胞质转移到线粒体基质的过程,而且为之后关于减肥药"左旋肉碱"的课堂讨论奠定基础。教育学生不要把眼光局限在自己研究的领域内,科学的发展向来是博采众长、包容并进的,只有广泛吸收并消化不同领域的成果,才可能取得更大的科研发现。启示学生机会和成功会慷慨回报每一个努力的人,永远不要妄图走捷径去达到所谓的成功,脚踏实地才是最快的捷径。

(2)实物展示+课堂讨论:通过多媒体 PPT、动画等方式介绍脂肪酸 β 氧化过程之后,进一步通过展示减肥产品"左旋肉碱"销售图片和"左旋肉碱咖啡"实物,调动课堂学习气氛,学生们可以结合课堂学习内容进行讨论,从而强化脂肪酸 β 氧化的学习内容。通过这种以市场上的减肥产品为例,并进行实物展示、理论联系实际的方法,极大地引发了学生的学习兴趣,课堂讨论气氛非常热烈。在巩固理论知识的同时,运用课堂上学习到的生物化学理论知识以及查阅资料,提高了学生分析、解答实际生活中遇到的问题的能力。

(三)课后:课程思政总结反思

采用"科研反哺+前沿拓展"方式,将课堂讲授的脂肪酸分解代谢过程与减肥中代谢机制的科研文章相结合,做到融会贯通。安排学生以减肥为主线,进行小组协作,同学们为了共同完成任务,需要小组成员团结合作、共同努力,培养学生的大局意识、协作精神和服务精神,为今后工作中的团队合作奠定良好的精神基础。

第二部分 思政案例

一、思政导引

奇迹生还的"猪坚强"(见图 2-2-25)。视频播放:汶川地震中顽强活下来的猪。

数字资源 23:
脂肪酸的 β 氧化

图 2-2-25 "猪坚强"

(1) 问题驱动＋小组讨论："猪坚强"在汶川地震废墟下被埋 36 天仍活着，体重在震前是 150 kg，震后只有 50 kg，减少了三分之二。被埋期间，它吃木炭喝雨水，但木炭只能充饥，不能提供营养，那这 36 天是什么物质在给它提供能量呢？震前的"猪坚强"膘肥体壮，震后则瘦骨嶙峋。"膘"不见了，膘是什么呢？引出体内储存脂肪的重要性。

(2) 温润心灵：贯穿"健康中国"理念，引导学生关爱身边的肥胖和瘦弱人群，尊重他人，养成良好的生活习惯。

二、思政融入

（一）经典实验导入

(1) 启发驱动：介绍 1904 年 Franz Knoop 通过一个经典而巧妙的标记实验研究了脂肪酸的分解。他使用难以被动物代谢的苯环标记脂肪酸喂狗，然后在狗尿液中检测代谢产物。当饲喂奇数碳原子脂肪酸（如苯丙酸）时，狗尿液中检测到的是苯甲酸，脱去了两分子碳，但这两分子碳是逐个脱下的，还是一起脱下的，还不能确定；然后他又喂用苯环标记的偶数碳脂肪酸苯丁酸，在狗尿液中检测到了苯乙酸。通过这个实验就证明了，脂肪酸分解每次脱去两分子碳（见图 2-2-26）。

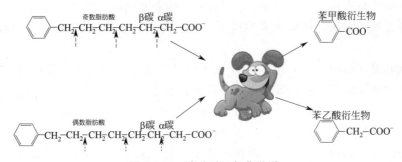

图 2-2-26　脂肪酸 β 氧化学说

(2) 拓展延伸：1940 年 Albert Lehninger 研究证实 β 氧化是在细胞的线粒体内进行的。Albert Lehninger 是学生们都比较熟悉的经典教材 *Principles of Biochemistry* 的编者，通过介绍 Albert Lehninger 的研究工作，也使学生们对科学家有了更深的了解。

(3) 温润心灵：伟大科学家探索真理的科学事迹是培养学生科学素养与兴趣的珍贵教学素材。伟大成就获得者的人格魅力具有强大的感染力，教师引导学生感受科学研究不是一蹴而就的，应在平时注重知识的累积，寻找自己的科研兴趣点。

（二）脂肪酸的活化

脂肪酸在细胞质中首先被活化，然后再进入线粒体内氧化。活化过程实际上就是把脂肪酸转变为脂酰辅酶 A。内质网及线粒体外膜上的脂酰辅酶 A 合成酶在 ATP、CoA-SH、Mg^{2+} 存在的条件下，催化脂肪酸生成脂酰 CoA（见图 2-2-27）。

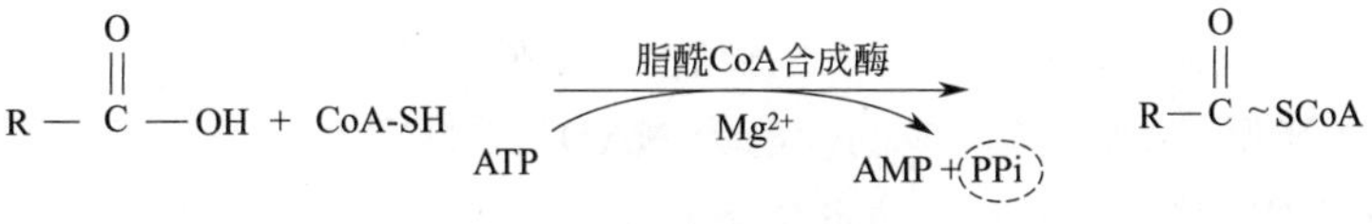

图 2-2-27　脂肪酸的活化

(1) 问题驱动：活化后的脂酰 CoA 能直接在细胞质中开始氧化分解吗？

(2) 小组讨论：学生们可结合之前介绍 Albert Lehninger 的研究结果，即 β 氧化在细胞的线粒体内进行，得出脂酰 CoA 还需要从细胞质转运到线粒体中的结论，由此引出"肉碱转运系统"。

(3) 温润心灵：脂肪酸活化需要消耗 2 分子 ATP，说明能量的产生既包括投入阶段又包括产出阶段。没有投入阶段，就没有产出阶段，让学生感悟"只有付出，方能收获，想要索取，必先奉献"的道理和奉献精神。

（三）脂酰 CoA 的转运

催化脂肪酸氧化的酶系存在于线粒体基质，活化的脂酰 CoA 必须进入线粒体才能被氧化。长链脂酰 CoA 不能直接透过线粒体内膜，需要肉碱协助转运。存在于线粒体外膜的肉碱脂酰转移酶Ⅰ催化长链脂酰 CoA 与肉碱合成脂酰肉碱，后者在线粒体内膜肉碱脂酰肉碱转位酶作用下，通过内膜进入线粒体基质，同时将等分子肉碱转运出线粒体。进入线粒体的脂酰肉碱，在线粒体内膜肉碱脂酰转移酶Ⅱ作用下，转变为脂酰 CoA 并释放出肉碱。

(1) 动画演示＋问题驱动：动画清晰地展示了肉碱将脂酰基从细胞质转运到线粒体的过程。肉碱在肉中含量丰富，由此而得名；可以从食物获取肉碱，机体自身也可以合成。通过介绍肉碱来源及观看动画，使学生直观地了解肉碱将脂酰基从细胞质转移到线粒体基质的过程。

(2) 温润心灵：脂肪酸先消耗了 ATP，还要经历从细胞液到线粒体的穿梭，才能产生能量，这应了"故天将降大任于是人也，必先苦其心志，劳其筋骨，饿其体肤，空乏其身"这句话。古往今来，将才良相往往经历了艰苦环境的磨练，越是艰苦的环境，越能磨练品质。鼓励当代大学生不仅要努力学习、掌握科学文化知识，更要毫不畏惧面对一切艰难险阻，在劈波斩浪中开拓前进，在披荆斩棘中开辟天地，在攻坚克难中创造业绩，用青春和汗水创造辉煌成就。

（四）脂酰 CoA 的 β 氧化

以 16C 的脂肪酸——棕榈酸为例，教学以 PPT 为主，配合板书，引导学生了解脂肪酸 β 氧化的四步过程——脱氢、加水、再脱氢、硫解，最终生成乙酰 CoA 和 14C 脂酰 CoA，并伴随着 $FADH_2$ 和 NADH 的产生。乙酰 CoA 可以进入三羧酸循环，产生 GTP、NADH 和 $FADH_2$，而脂肪酸 β 氧化和三羧酸循环产生的 NADH 和 $FADH_2$ 可以进入电子传递链，生成 ATP 和水。

(1) 理论讲授

① 脱氢 脂酰 CoA 经脂酰 CoA 脱氢酶催化，在其 α 和 β 碳原子上脱氢，生成 Δ^2 反烯脂酰 CoA，该脱氢反应的辅基为 FAD（见图 2-2-28）。

② 加水（水合反应） Δ^2 反烯脂酰 CoA 在 Δ^2-反烯脂酰 CoA 水合酶催化下，在双键上加水生成 L-β-羟脂酰 CoA（见图 2-2-29）。

③ 再脱氢 L-β-羟脂酰 CoA 在 L-β-羟脂酰 CoA 脱氢酶催化下，脱去 β 碳原子与羟基上的氢原子生成 β 酮脂酰 CoA，该反应的辅酶为 NAD^+（见图 2-2-30）。

④ 硫解 在 β-酮脂酰 CoA 硫解酶催化下，β-酮脂酰 CoA 与 CoA-SH 作用，硫解产生 1 分子乙酰 CoA 和比原来少两个碳原子的脂酰 CoA（见图 2-2-31）。

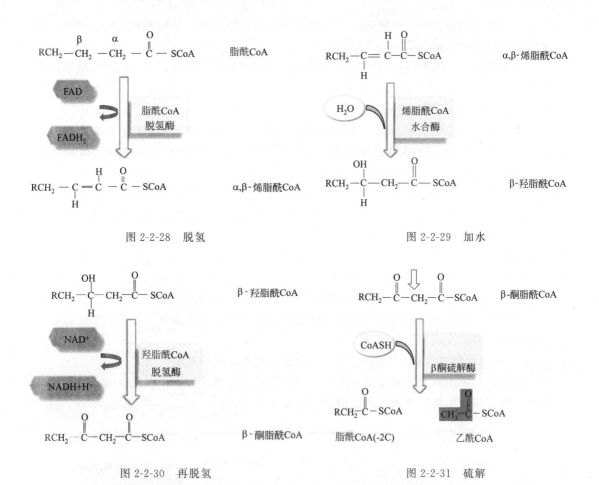

图 2-2-28 脱氢　　　　　　　　　　　　图 2-2-29 加水

图 2-2-30 再脱氢　　　　　　　　　　　图 2-2-31 硫解

（2）问题引入：计算每 1 分子 16C 脂肪酸彻底氧化分解可释放多少分子的 ATP？多少分子水？

（3）前后呼应："猪坚强"体内储存着大量这样的脂肪酸，氧化分解就能产生大量的能量和水分，这就是它为什么能支撑 36 天的原因。这样就呼应了课程引入时提出的"猪坚强"为什么能存活 36 天的问题，使学生们切实了解脂肪酸 β 氧化的重要性。

（4）温润心灵：通过学习告诫学生们要在学习中学会举一反三、触类旁通，学会真正的深入思考，不但要学会对知识点的融会贯通，而且要学会对思路和方法的归纳总结。告诫学生遇到困难时，要积极思考，努力找到解决问题的办法，树立战胜困难的决心和信心。

（5）拓展延伸＋主题讨论：在冬眠过程中，熊的呼吸仍正常进行，通过呼吸也损失了很多水分，而脂肪酸氧化分解产生的水可以不断补充着呼吸时水分的损耗。让学生列举还有哪些动物也是依赖脂肪酸提供能量和水，比如迁徙的鸟。有些鸟在长达几十小时的飞行过程中是不进食进水的，能量和水的来源就是脂肪酸。还有一些生活在干旱地区的动物，比如骆驼和沙鼠，脂肪酸氧化对它们来说也很重要。骆驼的驼峰中储存着大量的脂肪，这些脂肪是它长途跋涉时能量和水分的重要来源。学生们通过这些熟悉的动物实例，进一步体会到了脂肪酸 β 氧化的奇妙和重要性，不再将生物化学代谢看成一个无趣的反应，从而激发了学习兴趣，活跃了课堂气氛，扩展了生物学知识。

（6）实物展示：通过展示减肥产品"左旋肉碱"销售图片和"左旋肉碱咖啡"实物，巩固左旋肉碱在脂肪酸分解代谢中的作用。

（7）淘宝截屏＋市场调查：对网络上一些左旋肉碱相关产品的图片及广告进行截屏，使学生们先有一个很直观的感受。学生以PBL（基于问题的学习）进行分组，以小组为单位收集买家评价效果和说明书进行展示分析。

（8）主题讨论：说明书中写到"促进脂肪转化成能量，而且只消耗脂肪，不减少水分和肌肉，也不会引起厌食、腹泻和乏力等不良反应。可以预防脂肪堆积，结合运动效果更明显"。请学生们根据课上讲过的知识，分析此类产品应用了怎样的生物化学机制？为什么声称没有不良反应？为什么说结合运动，效果会更明显？你认为它的减肥效果如何？学生们先分组讨论，然后老师再请各组同学谈谈他们对这种产品的看法。学生们可以结合课堂学习内容进行讨论，从而强化脂肪酸β氧化的学习内容。

（9）温润心灵：在信息爆炸的时代，从互联网媒体上，我们获取了许多从前未曾见识过的现象、观点。但是我们所看到的究竟是真相还是表象，听到的是真知灼见，还是未经推敲的观点，是否用自己的理性思考过？批判性思维是我们区分事物表象和本质、判断事物真伪的工具，它能使人保持独立且理性的思考，既不会盲从附和，也不会迷信权威，对信息始终保有审慎态度，懂得发现和分析问题。

（10）一题多做创意作业："如果你是一个胖子，请制订一份减肥计划。"

在巩固理论知识的同时，运用课堂上学习到的生物化学理论知识，以及查阅资料，提高学生分析、解答实际生活中遇到的问题的能力（见图2-2-32）。

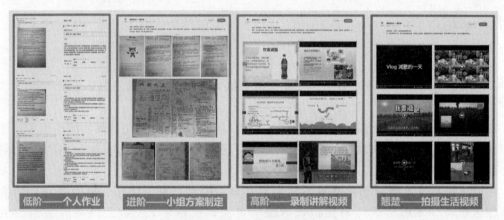

图2-2-32　一题多做创意作业

三、反思提升

本节课通过历史、科学家研究经历、文献、新闻、市场上相关的产品等，认真设计，在合适时机引入授课内容中，达到引发学生学习兴趣、活跃课堂气氛的目的。在授课过程中，通过案例、课堂讨论和实物展示等多种教学手段，生动有趣地讲解课程主要内容，使学生们在掌握生物化学知识的同时，了解生物化学与实际生活的密切联系和应用实例，激发学习兴趣，享受学习过程。

第三章
马哲辩证之路

第一节 矛盾的对立统一性——血糖的来源与去路

第一部分 教学设计

一、课程思政目标

生命观念：通过对血糖来源与去路的分析，形成正常机体的血糖浓度在一定范围内维持动态平衡的观点；通过对胰岛素和胰高血糖素生理功能的学习、血糖调节过程模型的构建，形成对激素调节是人体内环境稳态调节的一种重要机制的认识。

科学思维：结合生活实际和已学知识，分析得出血糖的来源与去路；通过物理模型和概念模型的构建，能总结血糖平衡调节的具体过程并概括激素调节的一般过程。

社会责任：关注糖尿病，了解糖尿病与饮食习惯的关系，养成良好的生活习惯；学会科学规范的血糖测定方法；形成向周围人传播科学知识的意识；增强文化自信和民族自豪感。

二、教学设计内容

（一）课前：课程思政引入

采用"视频＋主题讨论＋小游戏"方式，通过联合国糖尿病日及宣传主题并结合《健康中国行动（2019～2030年）》，阐述糖尿病的危害，引导学生关爱身边的糖尿病患者，告诫学生如何在疫情宅家期间合理饮食、合理锻炼，养成良好的生活习惯，并关心自身和他人的健康。与此同时，解读宣传主题"防控糖尿病，保护你的家庭"，以健康生活方式和定期检测为重点，引出"血糖的来源与去路"知识点。

（二）课中：课程思政贯穿授课过程

采用"小故事＋拟人比喻＋启发"方式，讲述胰岛素的发现故事。通过讲述中国科学家人工合成牛胰岛素的故事，教育学生不要把眼光局限在自己研究的领域内，科学的发展向来是博采众长、包容并进的，只有广泛吸收并消化，才可能取得更大的科研发现。启示学生，遇到困难，要多动脑筋、积极思考，找出解决问题的办法，树立战胜困难的决心和信心。

采用"创新创业＋生活案例"方式，在讲述糖尿病的机制时，引入我国自主研发的糖尿病新药——HMS5552，通过对这种葡萄糖激酶激活剂的机制探讨，将"中国特色自主创新道路的理念"引入其中，让同学们认识到，只有把核心技术掌握在自己手中，才能真正掌握竞争和发展的主动权，才能从根本上保障国家经济安全、国防安全和其他安全。我们没有别的选择，非走自主创新道路不可。结合新冠肺炎疫情核酸检测试剂盒的研发、人工智能和大数据的应用，增强学生科学研究的创新精神和使命担当。

（三）课后：课程思政总结反思

采用"科研反哺＋实践操作"方式，将课堂讲授血糖稳定方法与课上亲自进行血糖测定实践以及课后进行糖尿病防治宣传相结合，做到理论与实践结合。以疾病为主线，进行小组协作，同学们为了共同完成宣传海报，需要小组成员团结合作、共同努力，培养学生的大局意识、协作精神和服务精神，为今后工作中的团队合作奠定良好的精神基础。

第二部分　思政案例

一、思政导引

（1）情境一：关注糖尿病，不做"小糖人"主题活动。

① 发布资料：糖尿病及其相关研究。

② 发布主题讨论：糖尿病的影响因素有哪些？

③ 发布任务：寻找家人及身边患有糖尿病的朋友，对其疾病的发生及生活习惯等问题进行调查研究（见图2-3-1）。

数字资源24：
血糖的来源
与去路

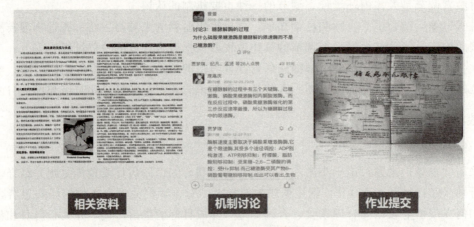

图2-3-1　线上主题活动

（2）情境二：了解糖尿病，饮食要健康。

① 视频播放：联合国糖尿病日及宣传主题（见图2-3-2）。

图2-3-2　"健康中国"视频

② 国家战略:"健康中国"的行动要求。

③ "我问你答"小游戏:根据布置的学生线上任务,以糖尿病的诊断-症状-起因-检测为线索进行问题的设置,以小组对垒的形式进行,获胜的小组给予限盐勺、控油壶作为奖励。游戏的创设符合学生思维模式和生活情境,使学生获得对糖尿病的整体认知,从而引出本节课的内容——血糖的来源与去路。

④ 温润心灵:贯穿"健康中国"理念,引导学生关爱身边的糖尿病患者,尊重他人,养成良好的生活习惯。

二、思政融入

（一）血糖的概念

血糖是血液中的葡萄糖含量,正常空腹血糖值为 3.9～6.1mmol/L,血糖平衡示意图见图 2-3-3。

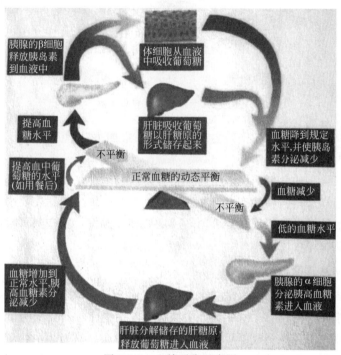

图 2-3-3 血糖平衡示意图

（1）情境驱动:课程开始,教师与学生讨论美食及一些高热量食物,指出哪些美食都是高热量食物,长期过量摄入会对健康极其不利,尤其是糖尿病患者,更要控制这些食物的摄入量。指出学完"血糖的来源与去路"这节课就能找到问题的答案,以此激发学生的兴趣,自然地导入新课。

（2）实践参与:通过抢答、选人等方式,利用家庭血糖仪测定血糖含量,在学生代表的帮助下测定教师的血糖,边测边讲解血糖测定的规范操作。

（3）问题驱动:血糖浓度是一个固定值吗?怎样能让血糖上升?升高血糖应补充什么食物?地震中被废墟掩埋的幸存者的血糖靠什么补充?血糖的主要去向是什么?如果细胞一段时间内分解不了较多的糖,将会怎样?摄糖过多容易发胖,这说明糖还能以什么形式储存?一步步引导学生分析血糖的来源与去路。

（4）温润心灵：培养学生血糖测定操作的规范性和责任心，增强消毒灭菌及防治感染的意识；树立尊重病人、关爱患者的观念。

（二）血糖的来源与去路（见图 2-3-4）

（1）问题驱动：饱食之后、短期饥饿、长期饥饿三种情况下，血糖的来源与去路各是怎样的？

（2）小组讨论：学生以 PBL 分组进行小组讨论，根据教师提问分别绘制"来源去路图"，展示不同情境下血糖的来源与去路。

（3）问题驱动＋知识拓展：一个糖尿病病人，单从控制饮食方面能否使其血糖稳定？

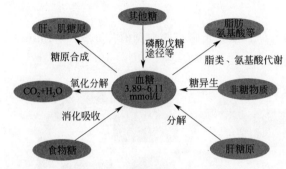

图 2-3-4　血糖的来源与去路

（4）口诀总结：血糖的"三来四去"：饱食"一来四去"；短期饥饿"一来一去"；长期饥饿"只来不去"。

（5）温润心灵：启迪学生明白，任何事物在发展过程中，都呈现出不平衡和平衡两种状态，事物在不平衡和平衡两种状态之间相互交替，在对立统一中发展，这是事物发展变化的普遍规律。另外启示学生要实现自身价值，一定要相互协作，具有团队精神和协作精神，感悟唯宽可以容人、唯厚可以载物。

（三）血糖水平的调节

（1）故事引入：胰岛素的诞生是一个充满艰辛而又相当励志的传奇故事。

（2）中国故事：1965 年 9 月 17 日，中国科学院生物化学研究所等单位经过 6 年多的艰苦工作，第一次用人工方法合成了具有生物活性的蛋白质——结晶牛胰岛素。

血糖水平的控制主要受激素调节。学习胰岛素和胰高血糖素的生理功能，构建血糖调节物理模型。

胰岛素是体内唯一的降糖激素，一方面它能有效促进血中葡萄糖进入组织细胞加以利用或以糖原形式储存起来；另一方面它能抑制肝糖原的分解和糖异生作用，因此能很快将升高的血糖降至进餐前的水平。

体内升血糖的激素有多种，如肾上腺素、胰高血糖素、生长激素和肾上腺糖皮质激素等。若空腹 5～6h 后，血糖水平降低，血中胰岛素水平也相应减少。此时，肾上腺素和胰高血糖素分泌增多，通过肝糖原的分解增加和糖异生作用加强来补充血糖，使血糖依然维持在正常水平。如果是长时间的低血糖，生长激素和糖皮质激素也将参与升高血糖的作用，是通过加强糖异生来补充被消耗的肝糖原和阻止血液中葡萄糖进入组织细胞内来实现的。

(3) 温润心灵：启示学生，只有把核心技术掌握在自己手中，才能真正掌握竞争和发展主动权，才能从根本上保障国家经济安全、国防安全和其他安全。只有拿起科学武器，勇于创新，才能实现中华民族伟大复兴的中国梦。

（四）糖尿病

(1) 视频驱动：通过"糖尿病目前的发病率及预防措施"视频，引导学生关注糖尿病，了解糖尿病与饮食习惯的关系，养成良好的生活习惯。

(2) 问题驱动：引导学生尝试解读《黄帝内经》上描述的糖尿病症状：多饮而渴不止，多食而饥不止，多溲而豪浊不止。

(3) 知识拓展：对我国一种根据己糖激酶的同工酶——葡萄糖激酶激活剂，自主研发糖尿病新药——HMS5552的机制进行探讨。

正常人通过人体自身调节可维持血糖含量的相对稳定。血糖调节若出现异常，人体就会患低血糖或糖尿病等一些疾病。

(4) 拓展作业：学生以小组为单位制作糖尿病防治宣传海报，并上传至学习通平台分享。

(5) 温润心灵：增强学生的文化自信和民族自豪感。作为一名医学生，你能为糖尿病的预防和人类健康作出哪些力所能及的贡献？引导学生形成向周围人传播科学知识的意识，落实社会责任。

三、反思提升

本节课的内容为"血糖的来源与去路"，以讲解血糖来源和去路为线索，分别从血糖概念、来源和去路、血糖水平的调节和糖尿病四个方面构成本次课学习的知识目标。在知识讲授过程中将关爱患者、爱国情怀、创新拼搏、诚信务实等思政元素贯穿其中，将知识传授与价值引领相结合，达到知识目标与思政目标同向同行、同频共振。

课前"健康中国行动"国家战略的导入及课后糖尿病宣传海报制作分享的教学设计，对专业知识的学习和学生内在情感的生成做到了引领和升华，在深化学习教学内容的同时，提升了内容背后的情感与内涵，将教书与育人相结合，最终实现培育具有"仁心、仁术、仁义"卓越医学人才的目标。

第二节 矛盾的对立统一性——蛋白质的变性与复性

第一部分 教学设计

一、课程思政目标

通过讲解蛋白质的理化性质，尤其是蛋白质变性与复性的相互关系，阐明变性、复性与凝固之间的联系，构建生物化学逻辑思维，帮助学生掌握变性、复性和凝固的内在联系和转换条件。通过讲述量变和质变的相互关系，引申至学习过程中的量变与质变，告诫学生要通过不断学习，进行量的积累，丰富知识，提高能力，培养优秀品质和健全人格。

二、教学设计内容

(一) 课前：课程思政引入

采用"创新创业＋生活案例"方式，讲述豆腐的制作过程，培养学生在当今就业压力较大环境下的工匠精神，提高学生的综合素质和就业能力。

(二) 课中：课程思政贯穿授课过程

本节课以蛋白质的理化性质——变性和复性为主线，使学生了解量变和质变的相互关系。在知识讲授过程中将马克思主义世界观与方法论的辩证思维贯穿其中，将知识传授与价值引领相结合，达到知识目标与思政目标同向同行、同频共振。

(三) 课后：课程思政总结反思

通过布置的创意作业，使学生亲自动手操作，练中求新，提升创新思维，践行医者仁术，促使学生理论联系实际，分析解决医学问题。

第二部分　思政案例

一、思政导引

文明传承：通过介绍豆腐的制作过程，讲述其中的生物化学原理及应用，对学生进行工匠精神教育，落实思政教育实效，提高学生的综合素质和就业能力（见图 2-3-5）。

数字资源9：蛋白质的变性

图 2-3-5　豆腐的制作

二、思政融入

(一) 蛋白质的两性解离

(1) 理论讲授：蛋白质分子中存在许多可解离成带负电荷或正电荷的基团。当蛋白质溶液处于某一 pH 时，蛋白质解离成正、负离子的趋势相等，即成为兼性离子，净电荷为零，此时溶液的 pH 称为蛋白质的等电点（isoelectric point，pI）。蛋白质溶液的 pH 大于等电点时，该蛋白质颗粒带负电荷，反之则带正电荷（见图 2-3-6）。

(2) 温润心灵：告诫学生，在处理学习和放松的关系时，要注意二者之间的平衡，要做到劳逸结合，不能单独只偏重一个方面，玩就开开心心，学就踏踏实实。

(二) 蛋白质的胶体性质

(1) 理论讲授：蛋白质是生物大分子，其分子的颗粒大小可达 1～100nm。水化膜和蛋白质表面带有电荷是维持蛋白质胶体稳定的重要因素。若去除蛋白质胶粒这两个稳定因素，则蛋白质极易从溶液中沉淀（见图 2-3-7）。

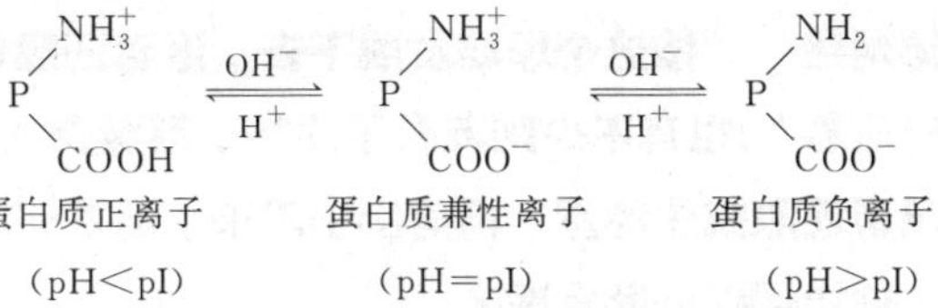

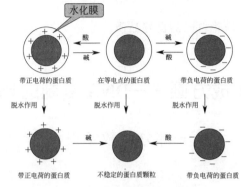

图 2-3-6　蛋白质的两性解离

图 2-3-7　蛋白质的胶体性质

（2）温润心灵：量质互变规律揭示了事物发展的规律，当量变达到度的关键点时必然引起质变。它揭示了事物发展量变和质变的两种状态，以及由事物内部矛盾所决定的由量变到质变，再到新的量变的发展过程。

（三）蛋白质空间结构破坏而引起变性

（1）理论讲授

① 变性：在某些物理和化学因素作用下，蛋白质特定的空间构象被破坏，也即有序的空间结构变成无序的空间结构，从而导致其理化性质改变和生物活性的丧失。

② 沉淀：蛋白质从溶液中析出的现象称为蛋白质的沉淀。

③ 凝固：蛋白质经强酸、强碱作用后，仍能溶解于强酸或强碱溶液中，将 pH 调至等电点，变性蛋白质结成絮状不溶解物，此絮状物仍可溶解于强酸和强碱中。如再加热则絮状物变成比较坚固的凝块，此凝块不易再溶于强酸和强碱中。

（2）发布讨论：人吃柿子过多，会出现肠道蠕动缓慢、消化不良等症状，请用生物知识解释其原因。

（3）温润心灵：通过量变和质变的辩证关系，使学生在日常学习中，注重进行量的积累，丰富知识，提高能力，培养优秀品质和健全人格。

三、反思提升

拓展思考题（线上讨论）（图 2-3-8）：熟鸡蛋变回生鸡蛋的热点新闻。

教师总结：生鸡蛋变成熟鸡蛋的过程，就是蛋白质变性的过程，属于不可逆的变性，我们要利用所学的知识，去辨别信息的可信度。

通过对于热点新闻的剖析，让学生们意识到，在今后的学习和工作中，要学会利用自己的所学知识，对身边的一些事情做出基本的判断，培养自己严谨求实的科研精神。同时，也

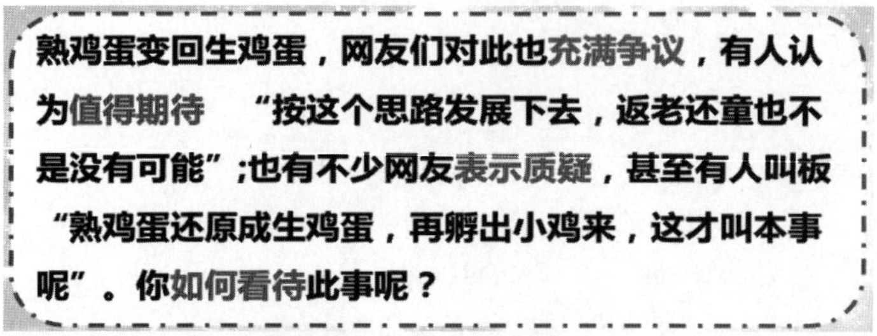

> 熟鸡蛋变回生鸡蛋，网友们对此也充满争议，有人认为值得期待"按这个思路发展下去，返老还童也不是没有可能"；也有不少网友表示质疑，甚至有人叫板"熟鸡蛋还原成生鸡蛋，再孵出小鸡来，这才叫本事呢"。你如何看待此事呢？

图 2-3-8　线上拓展思考题

要在日常生活中注意累积，培养自己的良好品质。

第三节　无规矩不成方圆——DNA 复制的基本特征

第一部分　教学设计

一、课程思政目标

通过讲述 DNA 复制的基本特征，帮助学生掌握 DNA 复制的机制。将科学家的故事、人文关怀的故事及知识创新的故事融入其中，帮助学生了解确定 DNA 为半保留复制的实验思路和方法，培养学生追求真理和永攀高峰的科研精神，培育具有严谨、求实科学态度的卓越医学人才。

二、教学设计内容

（一）课前：课程思政引入

以教师本人与自己孩子的照片导入课程，贴近生活实际，引起学生兴趣，进一步揭示 DNA 是遗传信息的传递者。

（二）课中：课程思政贯穿授课过程

通过讲授 DNA 的半保留复制，介绍经典实验，培养学生严谨求实和勇于创新的科研精神。通过讲授半不连续复制中冈崎片段的发现，培养学生发现问题、解决问题的科研思维。通过讲授复制的基本特征，使学生了解遗传信息的传递，培养学生分析问题的能力。

（三）课后：课程思政总结反思

发布线上讨论，让学生在完成作业的过程中，培养团结协作的优良品质。

第二部分　思政案例

一、思政导引

以教师本人与孩子的照片作为对比（见图 2-3-9），引发同学们进行思考，为什么人类的容貌特征能够在亲代和子代进行延续，深入理解 DNA 是遗传信息的传递者，激发学生学习 DNA 生物合成的兴趣。

数字资源 25：DNA 半保留复制

图 2-3-9　猜一猜哪个是"我"

二、思政融入

（一）DNA 以半保留方式进行复制

（1）理论讲授：

① 半保留复制：DNA 生物合成时，母链 DNA 解开为两股单链，各自作为模板，按碱基配对规律合成与模板互补的子链。子代细胞的 DNA，一股单链从亲代完整地接收过来，另一股单链则完全重新合成。两个子细胞的 DNA 都和亲代 DNA 碱基序列一致。这种复制方式称为半保留复制，半保留复制是 DNA 复制的基本特征。

② 密度梯度实验：实验结果支持半保留复制的设想（见图 2-3-10）。

  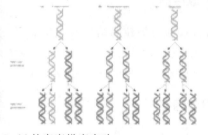

图 2-3-10　Meselson 与 Stahl 的密度梯度实验

③ DNA 半保留复制的意义

（a）体现了遗传的保守性但是这种稳定性是相对的。

（b）遗传的保守性是物种稳定性的分子基础，但不是绝对的。

（2）拓展思考：为什么该实验能在众多的实验中胜出？有哪些与众不同的实验关键点？

（3）温润心灵：通过实验的讲授，让同学们了解科学研究发现问题、分析问题、解决问题的科研思维、缜密的逻辑思维以及坚持不懈的科研精神。

（二）DNA 复制反应呈半不连续特征

（1）理论讲授

① 半不连续复制：复制过程中，催化 DNA 合成的 DNA 聚合酶只能催化核苷酸从 $5'\rightarrow 3'$ 方向合成，以 $3'\rightarrow 5'$ 链为模板时，新生的 DNA 以 $5'\rightarrow 3'$ 方向连续合成；而以 $5'\rightarrow 3'$ 为模板链，只能合成若干反向互补的冈崎片段，这些片段再连成完整的新链，故称半不连续复制。

② 前导链：顺着解链方向生成的子链，复制是连续进行的。

③ 后随链：另一股链因为复制的方向与解链方向相反，不能顺着解链方向连续延长，这股不连续复制的链称为后随链。

④ 冈崎片段：复制中的不连续片段。

前导链连续复制而后随链不连续复制，就是复制的半不连续性。

（2）游戏互动：学生角色扮演两条链，通过不同的行进速度，表达 DNA 半不连续复制的特征。

（3）温润心灵：通过亲身体验，让同学们形象地理解理论知识。通过讲授冈崎片段和科学家的求真务实、探索创新精神，为世人的砥砺前行树立榜样，培养学生追求真理、永攀高峰的科学精神。

三、反思提升

通过发布线上讨论和课下作业把专业知识的学习和学生内在情感进行引领和升华，在深化学习教学内容的同时，提升内容背后的情感与内涵，将教书与育人相结合。

第四节 透过现象看本质——端粒与端粒酶

第一部分 教学设计

一、课程思政目标

通过讲授端粒与端粒酶结构和功能、肿瘤发生的端粒-端粒酶学说、细胞衰老的生命时钟假说，形成系统、完整的关于端粒与端粒酶的知识体系，提升学生发现、分析并解决问题以及知识迁移的能力，帮助学生养成进取、坚持、创新、求证、严谨、诚信、合作的品质。

二、教学设计内容

（一）课前：课程思政引入

在回顾 DNA 复制主要特征基础上，引入本次授课内容。通过信息承载多元化、集成化、交互化的 PPT 和微视频，以导入式、启发式和演示法综合教学模式讲解端粒和端粒酶的核心知识点，激发学生深度学习，掌握核心知识。

（二）课中：课程思政贯穿授课过程

以讲述、解释、推论方式传授知识、阐明机理，通过端粒-端粒酶学说、生命时钟假说，启发学生的求知欲和创新思维。

（三）课后：课程思政总结反思

通过人类是否可以长生不老以及如何恰当发挥端粒、端粒酶作用解决肿瘤和衰老问题的讨论，让学生利用分子生物学知识思考生、老、癌等生命领域的问题。

第二部分 思政案例

一、思政导引

（1）问题导入：真核生物在线性 DNA 复制结束时面临着原核生物不曾遇到的困难，即从 5′-末端逐渐缩短的问题，染色体末端的一个特殊结构——端粒，称为生命的计时器（见图 2-3-11）。

（2）以问激思：如果不断再缩短，那么真核生物的遗传信息都将被丢失，生物体是如何解决这一问题的？引出端粒的概念。

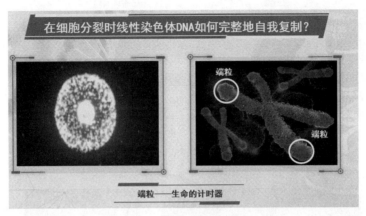

图 2-3-11　生命的计时器——端粒

二、思政融入

（一）端粒的结构

① 端粒是真核生物线性染色体的天然末端，由端粒 DNA 和端粒相关蛋白构成（见图 2-3-12）。

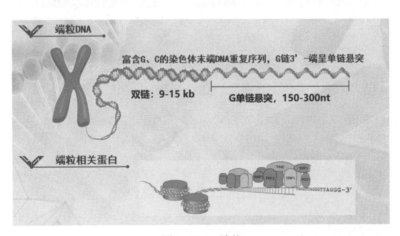

图 2-3-12　端粒

② 端粒是呈环状结构而非线性结构，形成端粒环（T 环），末端单链侵入双链区而产生置换环（D 环）。

③ 端粒既有 DNA 序列的高度保守性，又有种属特异性。不同物种的端粒长度也存在差异（见图 2-3-13）。

（二）端粒的功能

（1）生活实例：端粒就像鞋带的两头，保护鞋带不被磨损（见图 2-3-14）。

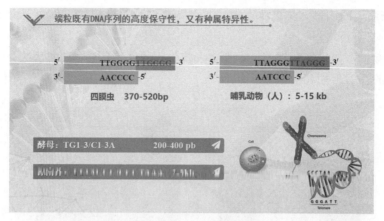

图 2-3-13　端粒的性质

图 2-3-14　生活实例

（2）理论讲授：①保护染色体末端不被融合、重组、降解，从而维持染色体的完整性。② 保护结构基因，避免遗传信息在复制过程中丢失（见图 2-3-15）。

图 2-3-15　端粒的保护性

③ 可作为细胞有丝分裂的分子钟（见图 2-3-16）。

（三）端粒与端粒酶的发现

（1）理论讲授：①马勒和麦克林托克发现了染色体端粒的存在（见图 2-3-17）。

② 布莱克（Elizabeth Helen Blackburn）发现四膜虫染色体末端 DNA 的 TTGGGG 六碱基序列构成（见图 2-3-18）。

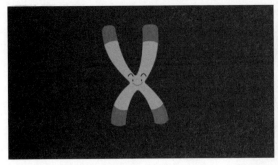

图 2-3-16　端粒可作为有丝分裂的分子钟

图 2-3-17　染色体端粒的发现

布莱克(1948—)　　　　　单细胞真核生物四膜虫

图 2-3-18　四膜虫染色体末端 DNA 序列构成的发现

③绍斯塔克的人工线性染色体转入酿酒酵母细胞试验。
④研究者证实端粒具有保护染色体稳定性的功能，这种功能在物种进化中具有保守性。
⑤酵母细胞中存在专门复制自身端粒 DNA 而与底物无关的酶。
⑥端粒酶的发现（见图 2-3-19）。

（2）温润心灵：通过介绍和讲解科学家的故事，培养学生的科学思维、创新精神和创新意识，激发其发现问题和解决问题的能力。

（四）端粒酶的组成与功能

（1）理论讲授
①端粒酶是一类逆转录酶，由端粒酶 RNA、端粒酶逆转录酶、端粒酶相关蛋白组成。
②端粒酶具有解决染色体末端复制短缩的机制。
动画演示端粒酶是如何解决染色体末端复制短缩的。

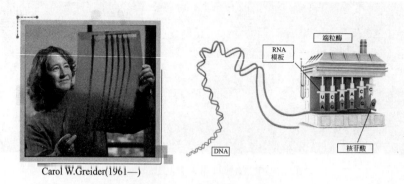

图 2-3-19 端粒酶的发现

（2）温润心灵：向同学们说明，即使遇到困难，到一定的时候总会有解决的办法。车到山前必有路，船到桥头自然直。遇到困难，告诫同学们一定不能失去战胜困难的勇气和信心。

（五）端粒、端粒酶与癌症、衰老

（1）理论讲授：体细胞中几乎没有端粒酶活性。但是，在生殖细胞系、干细胞端粒酶活性很高。癌细胞中端粒酶活性也被激活。随着体细胞的不断分裂，端粒会持续缩短。端粒是正常细胞的"寿命时钟"。

（2）思维拓展

① 依据本节课学习的内容，如何解释多利羊的早衰？

② 为什么癌细胞在体外可以无限分裂增生，但是人体正常体细胞在体外培养存在传代极限？

（3）温润心灵：生老病死，人之常情，用正确的思维对待生死，树立正确的生死观。

（4）主题讨论：假设科学家掌握了可以延长人类端粒的方法，且可以无限制延长人类端粒，你觉得可以广泛使用吗？请分析利弊（见图 2-3-20）。

图 2-3-20 线上主题讨论

三、反思提升

教学模式体现"以学生发展为中心"的理念，采用多种形式的多媒体课件，激发学生学习兴趣，实现知识的迁移与运用。注重培养学生兴趣和科学精神。端粒和端粒酶是生命科学领域的重要研究内容之一，研究端粒的结构与功能、端粒酶的结构与功能、不同细胞系在分裂过程中端粒长度变化的机制，将衰老-肿瘤-端粒/端粒酶联系在一起，既注重基础又关注前沿动态进展，启发学生对生命的思考。

第五节 ○ 量变与质变的关系——DNA 突变

第一部分　教学设计

一、课程思政目标

以 DNA 突变致临床疾病为主线，引导学生思考并使其构建"DNA、蛋白质、表型（疾病）"临床思维。理论讲解同时穿插探究活动，通过课前小组讨论、课中成员讲解、组间质疑答辩、课后导图总结等形式，融入团结、协作、批判、质疑、友善、诚信、公正等核心价值观。

二、教学设计内容

（一）课前：课程思政引入

"我爱我家"除了起到导入作用外，还弘扬了家庭美德，可培养学生作为医务工作者的人文情怀，一改传统教学"死气沉沉"的课堂效果，让学生在轻松愉快中学习重要的知识。

（二）课中：课程思政贯穿授课过程

运用系统的语言对知识进行归纳，突出重点；对引入生活案例进行分析，突破难点，促进学生对新旧知识进行联系和贯通，并将其内化为一种学习动力。

（三）课后：课程思政总结反思

通过课堂学习和线上讨论，使学生深入理解 DNA 突变的概念、意义及类型，并与实际应用相结合，培养学生解决实际问题的能力。通过小组合作可以让学生体会团结协作的精神以及相互信任的品质，有利于培养学生职业道德与职业精神。

第二部分　思政案例

一、思政导引

视频播放：以"我爱我家"为主题收集学生与父母的照片（见图 2-3-21），引发同学们进行思考，为什么人类的容貌特征能够在亲代和子代进行延续，激发学生学习 DNA 生物合成的兴趣，使学生感受家庭温暖、感知家庭和睦、感恩父母养育之恩，由学生的小家引申到国家，培养家国情怀。

图 2-3-21 "我爱我家"视频

二、思政融入

回顾 DNA 的结构，培养结构与功能相关的逻辑思维。通过大学生创业项目立体化展示 DNA 结构手工作业，巩固基础知识，构建空间思维。

（一）DNA 突变的概念

（1）游戏体验：传悄悄话（见图 2-3-22）。按照规则进行游戏体验，实现学生互动、师生互动，从而调动学生积极性，在游戏体验中获取新知识，初步领会突变的概念。

DNA 突变的概念：遗传物质结构改变引起遗传信息改变。

（2）延伸讲解：结构改变为核苷酸数目、类型和排列顺序改变，引起编码产物结构和功能改变。

（3）对应联系：将游戏与概念一一对应，深入理解突变的概念与内涵。

（4）要点归纳：提炼概念要点，引申关键点本质，促进知识深化。

图 2-3-22 传悄悄话小游戏

（二）突变的意义

（1）理论讲授

① 突变是进化基础：猿→人；鳃→肺。

② 突变与基因多态：血型差异、单双眼皮、动物皮毛、花的颜色。

③ 突变是疾病基础：肿瘤、唐氏综合征、白化病、耳聋。

（2）小组辩论：DNA 突变是好还是坏？学生按照课前收集相关资料以及自己持有的观点分为正反双方，对突变的正面和负面意义进行现场辩论，运用已有的知识对问题进行深入思考，清晰表明自己的观点（见图 2-3-23）。

（3）温润心灵：任何事情的正反两面，应辩证分析、正确看待，其是相对的，还会相互转化。

（4）知识拓展：热点分享——中国科学团队最新突破 2 型糖尿病遗传机制的相关研究，即解析非编码 DNA 突变对转录因子结合的影响。

图 2-3-23 小组现场辩论

(5) 科研文献：在基础知识之上进一步拓展引申，将其与最新研究相结合，思考背后意义。通过前沿知识分享，深化知识本质，提升知识内涵。通过讲中国科学家故事，增强民族自信，学习科学家勇于探索未知的精神。

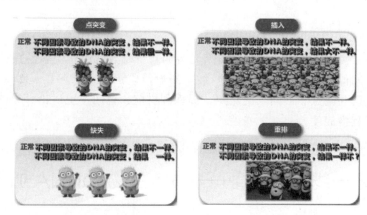

图 2-3-24 DNA 突变的类型

(三) 突变的类型（见图 2-3-24）

(1) 承上启下：以 DNA 突变诱发因素总结语为中心，通过语句中字、词的改变来形容突变的不同类型。

(2) 启发驱动：碱基与碱基的置换和碱基的插入、缺失、重排等引起三联体密码的改变，导致氨基酸种类的改变，导致翻译出蛋白质链的不同。

(3) 温故知新：生命的语言——遗传密码子概念及密码子的特点，遗传密码的意义。

(4) 温润心灵：传统文化融入中国语句中，字、词的改变引起语句表达出不同语境，讲解突变类型。以语句比喻 DNA 链，每个字代表碱基，形象直观，便于学生理解记忆，寓教于乐。通过演示大家熟悉的小黄人改变，增加学生了解突变类型的趣味性。

(5) 探究讲解：根据线上探究分组任务中学生对于不同突变类型引发疾病的探究报告，随机找一组同学对其探究成果进行现场汇报。从基础知识拓展到临床疾病，理解生化机制在疾病中的地位和意义，培养学生用基础知识推导临床表现的能力。建立一级结构是空间结构基础、空间结构是功能基础的生化逻辑思维，通过临床上疾病机制的探究，推导生化异常机制，培养学生临床思维。

(6) 拓展延伸＋线上讨论：阅读文献，运用所学知识说出此研究涉及的突变类型；查阅资料，介绍突变技术在医学中的应用（见图 2-3-25）。

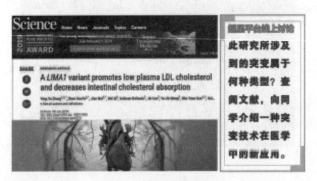

图 2-3-25 文献拓展讨论

将知识理解深化并拓展运用，体现高阶性；通过查阅文献叙述最新突变技术在医学中的应用，体现创新性；整个开放讨论体现挑战度。

三、反思提升

本节课涉及 DNA 突变的类型及各类型具备的自身特点。因学生容易只针对一点而忽视各相关知识点之间的联系，引导学生勤归纳，拓思维，运用表格归纳、数字归纳、口诀归纳，进行类型之间共同点和不同点的对照、提炼和讲解；运用小组讨论、导图绘制，拓展逻辑思维，体现课程挑战度。

第六节 ◇ 牵一线而动全身——真核生物 mRNA 加工

第一部分　教学设计

一、课程思政目标

通过讲述真核生物三种 DNA 依赖的 RNA 聚合酶，分析真核生物转录的终止机制，领会真核生物 mRNA 转录后加工的方式。采用启发式、案例式教学，以真核生物的复制过程为主线，讲授真核生物的转录过程，培养学生的思考能力及分析和解决问题的能力。通过线上任务、线上讨论等方式比较真核生物和原核生物转录的相同点和不同点，培养学生正确的科学态度。

二、教学设计内容

（一）课前：课程思政引入

发布真核生物转录过程知识点的视频，让学生配合教材资料进行自学，提升学生的认知水平，调动学生学习的主动性和积极性，保证学生的学习热情。PPT 通过插入图片、视频、音频、表格等多媒体信息，突出教学重点，将抽象的理论转变为实际的场景，化模糊为清晰，化理论为实际，帮助学生易化难点问题，深入理解重点问题。

（二）课中：课程思政贯穿授课过程

根据核心知识点——真核生物的转录过程，发布课堂讨论，便于学生进行知识梳理，培养发散思维和创新能力，提高学生的学习效率，培养学生分析及解决问题的能力。在授课过程中通过课堂前测、课堂后测等复习巩固知识点，通过设问、疑问等形式引导学生独立思考，培养学生的批判性思维。

（三）课后：课程思政总结反思

展示真核生物的转录过程，将抽象的知识具象化，加强师生互动，让同学们对于知识内容的理解更直观、更形象。利用网络教学平台，运用线上辅助线下教学的模式，在线发布导学任务单、课堂测试和讨论话题，以及与知识点有关的拓展前沿资料，组织课前、课中和课后教学活动。

第二部分　思政案例

一、思政导引

通过浏览器访问 UCSC Genome Brows 网站上的人类基因组信息，使学生直观认识到基因组 DNA 两条链上都有大量基因分布，加深关于不对称转录的理解。结合教材上给出的相关信息，引导学生讨论抗结核药物利福平的作用机制。介绍完真核生物 mRNA 的剪接过程后，引导学生讨论真核生物的断裂基因结构及小 mRNA 剪接过程相比原核生物有何优越性。

数字资源6：
真核生物 mRNA
转录后的加工

二、思政融入

真核生物转录生成的 RNA 分子是初级 RNA 转录物，几乎所有的初级 RNA 转录物都要经过加工，才能成为具有功能的成熟 RNA。加工主要在细胞核中进行。

（一）真核生物 mRNA 的加工包括首、尾修饰和剪接

（1）理论讲授

① 前体 mRNA 在 5′-末端加入"帽"结构（见图 2-3-26）。大多数真核生物 mRNA 的 5′-末端有 7-甲基鸟嘌呤的帽结构。这个真核 mRNA 加工过程的起始步骤由两种酶（加帽酶和甲基转移酶）催化完成。

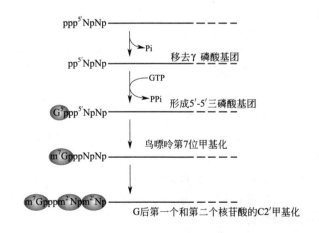

图 2-3-26　加帽过程

帽结构的意义：可以使 mRNA 免遭核酸酶的攻击；也能与帽结合蛋白质复合体结合，并参与 mRNA 和核糖体的结合，启动蛋白质的生物合成。

② 前体 mRNA 在 3' 端特异位点断裂并加上多聚腺苷酸尾（见图 2-3-27）。尾部修饰是和转录终止同时进行的过程。poly A 的有无与长短，是维持 mRNA 作为翻译模板的活性以及增加 mRNA 本身稳定性的因素。

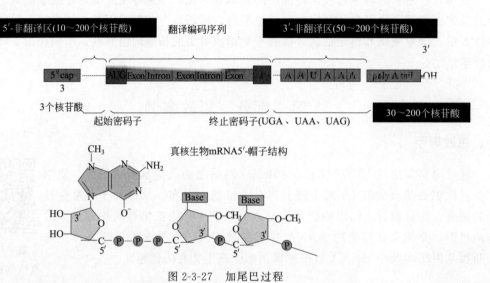

图 2-3-27　加尾巴过程

一般真核生物在细胞质内出现的 mRNA，其 poly A 长度为 100～200 个核苷酸，也有少数例外（组蛋白的 mRNA）。前体 mRNA 分子的断裂和加多聚腺苷酸尾是多步骤过程。

（2）温润心灵：通过讲授加入帽子和尾巴的过程，让同学们了解到各种酶在此过程中发挥的共同作用，体会在过程中团结协作的重要性。

（二）前体 mRNA 的剪接主要是去除内含子

（1）理论讲授

① 断裂基因（splite gene）。真核生物结构基因，由若干个编码区和非编码区互相间隔开但又连续镶嵌而成，去除非编码区再连接后，可翻译出由连续氨基酸组成的完整蛋白质，这些基因称为断裂基因。

② 外显子（exon）和内含子（intron）。

外显子：在断裂基因及其初级转录产物上出现，并表达为成熟 RNA 的核酸序列。

内含子：隔断基因的线性表达而在剪接过程中被除去的核酸序列。

③ mRNA 的剪接。除去 hnRNA 中的内含子，将外显子连接。snRNP（小分子核糖核蛋白）是一种特异的 RNA-蛋白质复合体，含有核小 RNA（snRNA），参与 hnRNA 的剪接。大多数内含子的 5' 端为 GU，3' 端为 AG。5'-GU……AG-OH-3' 称为剪接接口。剪接过程需经过二次转酯反应。

真核生物前体 mRNA 分子经过剪切和剪接两种模式可加工成不同的 mRNA。

（2）师生互动：学生在自学过程中，遇到问题可以随时通过线上平台和教师进行交流，课程组教师皆在线进行课程答疑。

（3）温润心灵：通过讨论话题，激发学生的学习兴趣，并将生化知识与日常生活相联系，增强学生运用生化知识解决实际问题的能力，培养学生实事求是的科研精神。

三、反思提升

　　学习过程的直接反馈是对自学能力与效果的直接检验,在线上发布测试题,学生积极参与度高,且有问题可以及时和线上教师进行沟通,提高学生分析和解决问题的能力。本节课讲述了真核生物转录后加工的主要方式。线上学习的效果受到多种因素的综合影响,差异化明显,学生了解的程度参差不齐。可用多种方式摸底和评估学生线上学习的效果,由老师制订详细线上时间安排计划和知识内容清单,明确线上学习要求,学生根据学习知识点内容绘制思维导图和笔记整理,建立知识框架,捋清内在联系,审视自己在相关知识上的掌握情况。

第三篇
综合知识课程思政

+ 第一章 ▶ 实时求变之路
+ 第二章 ▶ 思辨质疑之路

第一章

实时求变之路

第一节 ➡ 吃出来的富贵病——痛风的发病机制

第一部分 教学设计

一、课程思政目标

通过掌握嘌呤核苷酸代谢途径及高尿酸血症发病机制,树立"以人为本、诚信为善、健康中国"医疗理念,培养医学生关爱病人、尊重生命的职业操守和高尚的医学人文素质,培养卓越医学人才。通过对高尿酸血症和痛风疾病控制、诊断、治疗和效果评估的认识,帮助学生建立关爱生命、关注健康的理念,并选择健康的生活方式。

二、教学设计内容

(一)课前:课程思政引入

以"你问我答"小游戏引入课程内容,引发学习兴趣,加入以小组为单位的游戏元素,突出合作与协作意识、团结与友爱氛围,激发兴趣,提高学生参与度。

(二)课中:课程思政贯穿授课过程

通过了解体液尿酸检测的方法原理、质量控制、临床应用,辨别高尿酸血症与痛风,理解事物发展是由量变到质变、再到新量变的过程。通过尿酸检测,培养学生团结协作、积极思考、迎难而上的精神,培养具有"仁心仁术"的卓越医学人才。

(三)课后:课程思政总结反思

通过课堂学习和线上讨论,将立德树人融入每个教学环节,培养人,塑造人,实现课程思政目标。

第二部分 思政案例

数字资源 26:
嘌呤核苷酸
分解代谢

一、思政导引

"我问你答"小游戏:举出四个名人路易十四、查理五世、牛顿、忽必烈的共同点(见图 3-1-1)。

加入以小组为单位的游戏元素,突出合作与协作意识、团结与友爱氛围,

法国太阳王路易十四　　神圣罗马帝国　　　科学家牛顿　　　元世祖忽必烈
　　　　　　　　　　　国王查理五世

图 3-1-1 "我问你答"小游戏

激发兴趣，提高学生参与度。

二、思政融入

（一）嘌呤核苷酸循环

（1）科学家故事：通过自毁容貌综合征与次黄嘌呤-鸟嘌呤磷酸核糖转移酶（HGPRT）缺陷有关的故事讲解嘌呤核苷酸的正常代谢过程。弘扬科学家探究科学真理和坚忍不拔的精神，以激励学生汲取榜样的力量，形成内在的学习动力。

（2）理论讲授

① 嘌呤核苷酸代谢途径

a. IMP 的生成。在磷酸核糖焦磷酸合成酶催化下，消耗 ATP，由 5-磷酸核糖合成 PRPP（1-焦磷酸-5-磷酸核糖）；PRPP 再经过大约 10 步反应，合成第一个嘌呤核苷酸——IMP。

b. ATP 和 GTP 的生成。

② 嘌呤核苷酸代谢的调节。

（3）生活联系＋视频播放：通过"珍奥核酸"保健品争议事件，进行课堂讨论，引出高嘌呤饮食可导致继发性高尿酸血症的发生，讲授其种类、病因及六大机制（嘌呤代谢紊乱、尿酸排泄障碍、代谢综合征、高嘌呤饮食、肾脏疾病、细胞破坏）。

（4）温润心灵：通过讲授嘌呤核苷酸代谢的调节，让学生们认识到满足需求、防止供过于求；相互调整、比例平衡。利用所学知识透过现象看本质，培养学生关爱生命、关注健康，选择健康生活方式。

（二）痛风患者的实验室检查

（1）情景展示：讲解血液标本的采集，并引出血液和尿液尿酸测定的实验室依据、临床意义和应用评价，讲授高尿酸血症导致痛风发病的生化机制。如何针对高尿酸血症的病人选择合理的检测标本，并以问题驱动的方式讲解尿酸酶-过氧化物酶法的原理及注意事项。

（2）温润心灵：通过高尿酸血症到痛风的转变，告诫学生辩证理解事物从量变到质变的过程，培养辩证思维。通过讲述检测反应的两个步骤，告诫学生遇到困难，要积极思考，努力找到解决问题的办法，树立战胜困难的决心和信心。

（三）痛风疾病的饮食

（1）游戏体验：选出一些不同嘌呤含量的食物，让同学们进行选择，哪些能够让痛风患者食用（见图 3-1-2）。

（2）温润心灵：痛风疾病除了与相关代谢酶有关之外，也与食物摄入有关，提醒痛风病

图 3-1-2　痛风患者饮食选择

人在日常食物摄入中一定要多加注意,防止这种吃出来的富贵病。

(3) 热点分享:介绍我国对痛风治疗药物研发的新进展,学生通过查阅文献、线上完成作业——选择一种我国自主研发治疗痛风的药物,并介绍该种药物治疗痛风的机制。

(4) 温润心灵:让学生了解中国有能力参与国际重大科技合作研究,跻身于国际生命科学前沿,进一步重塑学生的民族自信,培养家国情怀。

(5) 歌诀归纳:高尿酸症本领大,一不留神痛风发。血液尿液两标本,尿酸检测酶法把。依据意义及评价,六种病因发生它。

三、反思提升

对专业知识学习和学生内在情感的生成做到引领和升华,在深化学习教学内容的同时,提升内容背后的情感与内涵,实现培育"仁心、仁术、仁义"卓越医学人才的目标。

第二节　燃烧你的卡路里——脂肪动员

第一部分　教学设计

一、课程思政目标

通过对脂肪动员内容的讲解,帮助学生了解脂肪代谢的生物化学机制,培养学生积极思考、分析及解决问题的能力。通过讲述糖脂代谢通路,帮助学生提高构建知识体系的能力,培养具有良好科研习惯、严谨求学态度的卓越医学人才。

二、教学设计内容

(一) 课前:课程思政引入

从美食到肥胖,从肥胖到减肥,以动物追逐高热量食物的本能说起,以美国棕熊比赛引入脂肪动员。从热点话题引入课程题目,联系生化加强感性认识,引起学生兴趣。

(二) 课中:课程思政贯穿授课过程

通过疾病情景展示,让学生在理论知识学习的基础上,加深对所学疾病的理解,提高学生对课程学习的专注度，培养学生学习修复机制的兴趣，引发知识共鸣。

（三）课后：课程思政总结反思

通过学生创设问题的情境，有意识地培养学生运用知识解决实际问题的能力，将日常生活与生物化学机制密切相连，激发学生的学习兴趣，并在生活中发现生物化学课程的魅力。

第二部分　思政案例

一、思政导引

（1）新闻导入：每年入秋时，美国阿拉斯加的棕熊都要努力"大吃大喝"，为即将到来的冬眠储备脂肪。它们不会知道，与此同时，来自世界各地的网友们也正睁大双眼，票选它们中哪只是今秋最胖的"崽"（见图 3-1-3）。

数字资源 27：
脂肪动员

图 3-1-3　美国棕熊选胖比赛

棕熊吃出一身膘才能安全过冬，这是它们赖以生存的宝贵财富，告诉学生贮存的脂肪对于动物（包括人类），非常重要。

（2）温润心灵：凡事有度，过犹不及，多余脂肪虽然会对我们身体健康造成威胁，但是一定数量的脂肪对于我们保暖、防止内脏之间的摩擦等都具有重要的作用。

二、思政融入

（一）脂肪动员的部位

（1）以问激思：葡萄糖需要动员吗？生物优先利用葡萄糖。

（2）生活联系：短暂运动不能动员脂肪。请根据糖代谢过程所发生的部位分组列表进行比较。

（3）温润心灵：不同器官、不同细胞发生不同的代谢过程，启示学生各司其职、各安其位、各尽其责、各得其所，要各自负责掌握自己的职责，做好所承担的工作。作为当代大学生，目前的主要任务就是学好专业知识、掌握专业技能，为将来中国社会进步做出自己应有的贡献。

（4）总结归纳：脂肪动员发生在脂肪细胞内，脂肪的水解是在脂肪酶催化下完成的。高等动物的脂肪主要以脂滴的形式贮存在脂肪细胞，其动员是一种受激素调控的过程。胰高血糖素和肾上腺素促进脂肪的水解，而胰岛素则抑制脂肪的水解，同时促进脂肪的合成。

（二）脂肪动员的概念

脂肪动员指储存在白色脂肪细胞内的脂肪在脂肪酶作用下，逐步水解，释放游离脂肪酸和甘油供其他组织细胞氧化利用的过程（见图 3-1-4）。

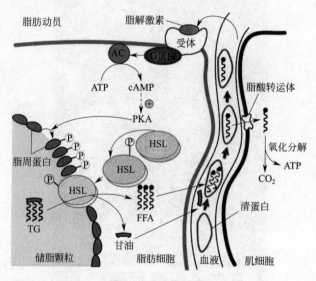

图 3-1-4　脂肪动员

（1）主题讨论：曾经认为，脂肪动员由激素敏感性甘油三酯脂肪酶（HSL）（也称激素敏感性脂肪酶）调控。HSL 催化甘油三酯水解的第一步，是脂肪动员的关键酶。随后发现催化甘油三酯水解的第一步并不是 HSL 的主要作用，而是下面所描述的第二步反应。

（2）文献查阅：请同学们查阅最新文献，脂肪动员也还需多种酶和蛋白质参与，如脂肪组织甘油三酯脂肪酶（adipose triglyceride lipase，ATGL）和脂滴包被蛋白-1（perilipin-1）。

（3）总结归纳：脂肪动员由多种内外刺激通过激素触发。当禁食、饥饿或交感神经兴奋时，肾上腺素、去甲肾上腺素、胰高血糖素等分泌增加，作用于白色脂肪细胞膜受体，激活腺苷酸环化酶，使腺苷酸环化成 cAMP，激活 cAMP 依赖蛋白激酶，使细胞质内 perilipin-1

和 HSL 磷酸化。磷酸化的 perilipin-1 一方面激活 ATGL，另一方面使因磷酸化而激活的 HSL 从细胞质转移至脂滴表面。

（4）温润心灵：培养学生的理性思维、批判精神和勇于探究的精神。批判质疑的表现为：具有问题意识；能独立思考、独立判断；思维缜密，可多角度、辩证地分析问题，作出选择和决定。批判精神是学生未来发展的必备品格和关键能力。

（三）脂肪动员的过程

脂肪在脂肪细胞内分解的第一步主要由 ATGL 催化，生成甘油二酯和脂肪酸。第二步主要由 HSL 催化，水解甘油二酯 sn-3 位酯键，生成甘油一酯和脂肪酸。最后，在甘油一酯脂肪酶（monoacyl glycerol lipase，MGL）的催化下，生成甘油和脂肪酸。所以，上述激素能够启动脂肪动员，促进脂肪水解为游离脂肪酸和甘油，称为脂解激素。而胰岛素、前列腺素 E_2 等，能对抗脂解激素的作用，抑制脂肪动员，称为抗脂解激素。

游离脂肪酸不溶于水，不能直接在血浆中运输。血浆清蛋白具有结合游离脂肪酸的能力（每分子清蛋白可结合 10 分子游离脂肪酸），能将脂肪酸运送至全身，主要被心、肝、骨骼肌等摄取利用。

（1）前沿拓展：中国科学院上海营养与健康研究所研究员陈雁所在研究组在 *Molecular Metabolism* 和 *Immunology* 上分别发表文章，揭示了位于细胞器高尔基体的膜蛋白 PAQR11 在脂肪代谢和免疫调节中发挥的作用。请同学们查阅文献，了解其在脂肪动员中的作用。

（2）温润心灵：通过学习脂肪动员的过程，告诉同学们要掌握整体布局，开阔视野，不能坐井观天。

三、反思提升

在授课过程中，通过案例、课堂讨论和实物展示等多种教学手段，生动有趣地讲解课程相关的研究历史、科学家及主要内容，使学生们在掌握生物化学知识的同时，了解生物化学与实际生活的密切联系和应用实例，激发学习兴趣，享受学习过程。

第二章
思辨质疑之路

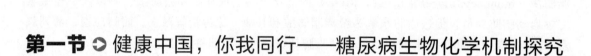

第一节 健康中国，你我同行——糖尿病生物化学机制探究

第一部分 教学设计

一、课程思政目标

通过对血糖来源与去路的分析，形成正常机体的血糖浓度在一定范围内维持动态平衡的观点；通过对胰岛素和胰高血糖素生理功能的学习、血糖调节过程模型的构建，形成对激素调节是人体内环境稳态调节的一种重要机制的认识；关注糖尿病，了解糖尿病与饮食习惯的关系，养成良好的生活习惯；学会科学规范的血糖测定方法；形成向周围人传播科学知识的意识，增强文化自信和民族自豪感。

二、教学设计内容

（一）课前：课程思政引入

通过临床病例糖尿病引出本节课主要内容，提高学生兴趣，引发学生思考。

（二）课中：课程思政贯穿授课过程

通过第13个"联合国糖尿病日"及宣传主题并结合国家《健康中国行动（2019—2030年）》发展战略，阐述糖尿病的危害，引导学生关爱身边的糖尿病患者，告诫学生如何合理饮食、合理锻炼，养成良好的生活习惯，关心自身和他人的健康。与此同时，解读第13个"联合国糖尿病日"宣传主题"防控糖尿病，保护你的家庭"，以健康生活方式和定期检测为重点。通过讲述胰岛素的发现故事、中国科学家人工合成牛胰岛素的故事，教育学生不要把眼光局限在自己研究的领域内，科学的发展向来是博采众长、包容并进的，只有广泛吸收并消化不同领域的成果，才可能取得更大的科研发现。启示学生，遇到困难，要多动脑筋、积极思考，找出解决问题的办法。

（三）课后：课程思政总结反思

将课堂讲授的血糖稳定方法与课上血糖测定的实践以及课后进行糖尿病防治宣传相结合，做到同向同行。以疾病为主线，进行小组协作，同学们为了共同完成宣传海报，需要小组成员团结合作、共同努力。培养学生的大局意识、协作精神和服务精神，为今后工作中的团队合作奠定良好的精神基础。

第二部分 思政案例

一、思政导引

临床病例：患者张某某，男，76岁，左足溃烂2月住院，既往有糖尿病史10余年，自诉血糖控制不佳。诊断为糖尿病足，需进行足趾截趾治疗。

以问激思：糖尿病是与高血压、肿瘤一样高发的慢性病，我国约有1亿患者，严重危害公众的健康。向同学们介绍"糖尿病足需要截肢"的案例，引发学生思考什么是糖尿病？什么是糖尿病足？糖尿病足为什么需要截肢？糖尿病和糖的代谢有何关系？

数字资源24：血糖的来源与去路

糖尿病是以慢性高血糖为特征的代谢性疾病，是由于胰岛素分泌和（或）作用缺陷所引起的。长期存在的高血糖，可导致各种组织，特别是眼、肾、心脏、血管、神经的慢性损害、功能障碍。

二、思政融入

（一）血糖水平保持恒定

（1）理论讲授：血糖即血中的葡萄糖。血糖水平相当恒定，始终维持在3.89～6.11 mmol/L（葡萄糖氧化酶法），这是由于血糖的来源与去路保持动态平衡所致（见图3-2-1）。

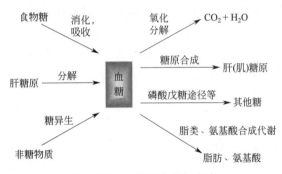

图3-2-1 血糖的来源与去路

血糖的每一来源和去路都是糖代谢反应的一条途径，餐后血糖来自食物消化吸收，此时所有去路均活跃进行；短期饥饿时，血糖来自肝糖原分解，仅用于满足基本供能需求；长期饥饿时，血糖来自非糖物质的糖异生，此时除少数对葡萄糖极为依赖的组织仍用糖供能外，其他大多数组织改用脂质能源，以节约葡萄糖。

血糖的主要去路是在组织器官中氧化供能，也可合成糖原储存或转变成脂肪及某些氨基酸。

（2）主题讨论："多吃主食死得快，多吃脂肪才健康"，这句话是否正确？通过讨论互动，让同学们对基础知识进行深入了解，提高解决和分析问题的能力（见图3-2-2）。

（二）血糖稳态主要受激素调节

（1）理论讲授：多种激素参与对血糖浓度的调节，使血糖浓度降低的激素有胰岛素，使血糖浓度升高的激素主要有胰高血糖素、肾上腺素、肾上腺皮质激素、生长素等，其对血糖

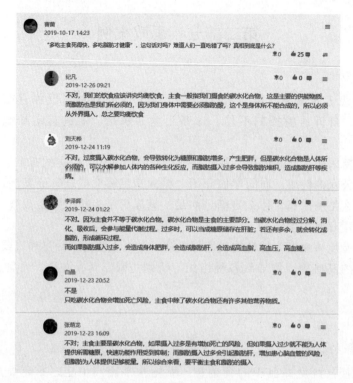

图 3-2-2　线上互动讨论

的调节主要是通过对糖代谢各主要途径的影响来实现的。

(2) 温润心灵：降低血糖的机制为来源减弱、去路增强。升高血糖的机制为来源增强，去路减弱。矛盾是事物的普遍本质，事物总是作为矛盾系统而存在的。任何事物都是一个统一的整体，但又可分裂为两个既相互联系、相互依赖又相互排斥、相互对立的部分。血糖的降低与升高也是矛盾统一的。

(三) 低血糖

(1) 理论讲授：正常人体内存在一整套精细调节糖代谢的机制，当一次性食入大量葡萄糖后，血糖水平不会持续升高，也不会出现大的波动。临床上可见糖代谢障碍引发血糖水平紊乱，导致出现低血糖或高血糖。其中，糖尿病是最常见的糖代谢紊乱疾病。

低血糖是指血糖浓度低于 2.8mmol/L。对于健康人群，血糖浓度低于 2.8mmol/L 时称为低血糖。脑细胞主要依赖葡萄糖氧化供能，因此血糖过低就会影响脑的正常功能，出现头晕、倦怠无力、心悸等，严重时发生昏迷，称为低血糖休克。如不及时给患者静脉补充葡萄糖，可导致死亡。

(2) 温润心灵：有些人在减肥过程中会出现低血糖，这主要是因为进食量太少及饮食不均衡所导致的。为了减肥只吃蔬菜，甚至每天只喝水，这样不仅容易反弹还极易出现低血糖甚至危及生命。教师授课时提醒学生，在日常生活中应该保证肉、蛋、奶以及蔬菜、水果的均衡摄入，它们所含有的营养是我们人体必不可少的，营养均衡不会使人长胖，减肥时也不会诱发低血糖。

(四) 高血糖

(1) 理论讲授：高血糖是指空腹血糖浓度高于 7mmol/L。空腹血糖浓度高于 7mmol/L

时称为高血糖。如果血糖浓度高于肾糖阈，就会形成糖尿。引起糖尿的原因分为病理性和生理性两大类，具体包括：a. 遗传性胰岛素受体缺陷；b. 某些慢性肾炎、肾病综合征等引起肾对糖的重吸收障碍，但血糖及糖耐量曲线均正常；c. 情绪激动时交感神经兴奋，肾上腺素分泌增加，使肝糖原大量分解，导致生理性高血糖和糖尿；d. 临床上静脉滴注葡萄糖速度过快，使血糖迅速升高而出现糖尿。

（2）温润心灵：通过学习，让同学们意识到身体健康需要改善生活方式，定期复查血糖，早发现早治疗。

（五）糖尿病是最常见的糖代谢紊乱疾病

糖尿病的特征是持续性高血糖和糖尿，特别是空腹血糖浓度和糖耐量曲线高于正常范围。其主要病因是部分或完全胰岛素缺失、胰岛素抵抗（因细胞胰岛素受体减少或受体敏感性降低，导致对胰岛素的调节作用不敏感）。临床上将糖尿病分为四型：胰岛素依赖型糖尿病（1型）、非胰岛素依赖型糖尿病（2型）、妊娠糖尿病（3型）和特殊类型糖尿病（4型）。1型糖尿病多发生于青少年，因自身免疫而使胰腺β细胞功能缺陷，导致胰岛素分泌不足。2型糖尿病和肥胖关系密切，可能是由细胞膜上胰岛素受体功能缺陷所致。

（1）拓展延伸：许多1型糖尿病患者需要注射胰岛素而降低血糖，中国科学家在胰岛素的合成中作出了巨大的贡献。1965年9月，中国科学家合成了结晶牛胰岛素，这是世界上第一个人工合成的蛋白质，合成胰岛素和天然牛胰岛素的结构、生物活性、物理化学性质、结晶形状均完全一致。通过介绍我国对生物化学学科发展的贡献，有助于增强学生的民族自信心和自豪感，激发爱国热情。

对于发病率较高的2型糖尿病，应该以糖尿病教育、血糖监测、药物治疗、饮食治疗、运动治疗等多种治疗方法并驾齐驱，进行综合治疗。这样不仅能帮助糖尿病患者有效控制血糖，减少并发症等的发生，而且可以改善患者生活质量，减少疾病对个人、家庭、社会产生的压力。

（2）温润心灵：糖尿病的预防和控制是一项长期而复杂的系统工程。中国的糖尿病防治工作根据中国国情，依靠政府的支持、不同水平权力和资源的整合，在不同的系统中建立了工作单位的"医疗""全面融合"管理体系，实现全面的健康干预管理，这有助于提高糖尿病管理的整体水平，降低糖尿病的健康风险，并为国际上糖尿病预防提供中国经验。教师在授课时强调自主创新的重要性，对于培养学生的创新意识、增强学生的国家认同感和民族自信心有极大的推动作用。

三、反思提升

拓展思考题（线上讨论）：哪些是糖尿病的高危人群？糖尿病的治疗方法有哪些？（见图3-2-3）

课前"健康中国行动"国家发展战略的导入及课后糖尿病宣传海报制作分享的教学设计，对专业知识的学习和学生内在情感的生成做到了引领和升华，在深化学习教学内容的同时，提升了内容背后的情感与内涵，将教书与育人相结合，最终实现培育卓越医学人才的目标。

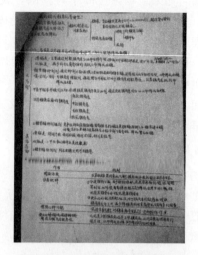
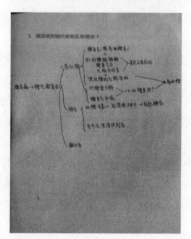

图 3-2-3　关于糖尿病的探讨

第二节　小小磺胺，威力无穷——磺胺类药物抑菌生物化学机制探究

第一部分　教学设计

一、课程思政目标

通过对抑制剂可降低酶促反应速率的概念、分类、特点等的学习使学生牢固而熟练掌握其基本知识、基本理论和基本技能；通过问题驱动，采用启发式、案例式教学，以磺胺类药物抑菌机制为主线，讲授酶促反应动力学的影响因素——抑制剂，提高学生思维能力及分析和解决问题的能力；通过小组讨论、线上线下结合等方式以磺胺类药物导入，研究抑制剂对酶促反应速率的影响，培养学生正确的科学态度、创新意识、责任与担当。

二、教学设计内容

（一）课前：课程思政引入

通过人的动力、风车动力、汽车动力引出酶的动力，展开课堂讨论，引出本节课内容。

（二）课中：课程思政贯穿授课过程

在课堂上对不同情境下有机磷农药中毒、路易斯气（氯乙烯基二氯胂的俗称）的中毒机制、磺胺药等抑菌机制进行讲解，通过真实的情景再现，培养学生认真务实的医学精神和细致耐心的医学素养。对基础知识进行拓展和启发，通过磺胺药在人类及动物感染中的应用，让同学们了解基础前沿和科研工作者在本领域做出的突出贡献，强调自主创新的重要性，对于培养学生的创新意识、增强学生的国家认同感和民族自信心有极大的推动作用。通过学生线上任务的完成，在课堂上以"健康中国"为主题，以小组讨论、游戏抢答的形式对学生任务完成的程度进行检测，一方面了解磺胺药的专业知识；另一方面从国家战略角度出发，将专业小课堂与社会大课堂、思政大课堂紧密结合。

（三）课后：课程思政总结反思

通过课堂学习和布置作业，深入发掘思政点，将思政元素融入教学各个环节，实现课程思政目标。

第二部分　思政案例

一、思政导引

从人的动力、风车动力、汽车动力（见图 3-2-4）引出酶的动力，展开课堂讨论，什么是酶促反应动力学？影响酶促反应的因素有哪些？各有何特点？

数字资源 28：一碳单位

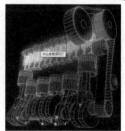

图 3-2-4　生活中的动力

二、思政融入

底物浓度、酶浓度、温度、pH 值如何影响酶促反应的速度？

除了上述因素外，抑制剂也是酶促反应的影响因素之一，它是能使酶活性下降而又不引起酶蛋白变性的物质。抑制剂可与酶活性中心或活性中心之外的结合位点结合，从而抑制酶的活性。根据抑制剂和酶结合的紧密程度不同，酶的抑制作用可分为不可逆性抑制与可逆性抑制两类。去除可逆性抑制剂，可使酶活性得以恢复。

第二章　思辨质疑之路

（一）不可逆性抑制剂与酶共价结合

不可逆性抑制剂和酶活性中心的必需基团共价结合，使酶失活。此类抑制剂不能用透析、超滤等方法予以去除。

（1）生活联系：急性有机磷农药中毒是临床常见危重症之一，其发病机制是有机磷农药通过羟基磷酸化结合乙酰胆碱酯酶，有效抑制乙酰胆碱酯酶和阻止神经递质——乙酰胆碱分解，而引起乙酰胆碱堆积并作用于该受体，刺激胆碱能神经异常兴奋而引发系列临床病症反应。

（2）温润心灵：有机磷农药是乙酰胆碱酯酶的不可逆性抑制剂，把这些知识引入课堂可以培养学生对弱势群体（因喷洒农药中毒的农民）的仁爱之心以及注重对特殊患者（服毒自杀）的精神抚慰，以提高医务工作者的道德水平。

（3）历史铭记：低浓度的重金属离子（Hg^{2+}、Ag^{+}、Pb^{2+}等）及As^{2+}等可与巯基酶分子中的巯基结合使酶失活。例如，路易斯气能不可逆地抑制体内巯基酶的活性，从而引起神经系统、皮肤、黏膜、毛细血管等病变和代谢功能紊乱。

重金属离子及砷是体内巯基酶的不可逆性抑制剂，给同学们介绍日军侵华时731部队使用的路易士气就是砷制剂，教育学生勿忘国耻、发奋读书、报效祖国。同时也深刻批判日军731部队的日军医生丧失了职业道德，促使学生思考医生职业道德和操守的重要性。

（二）可逆性抑制剂与酶非共价结合

可逆性抑制剂与酶非共价结合，可使酶活性降低或消失。采用透析、超滤或稀释等物理方法可将抑制剂除去，使酶的活性恢复。可逆性抑制作用遵守米氏方程，这里仅介绍三种典型的可逆性抑制作用。

1. 竞争性抑制作用

（1）理论讲授：抑制剂和酶的底物在结构上相似，可与底物竞争结合酶的活性中心，从而阻碍酶与底物形成中间产物，这种抑制作用称为竞争性抑制作用。

竞争性抑制作用的特点：

① 竞争性抑制剂往往是酶的底物类似物或反应产物。
② 抑制剂与酶的结合部位和底物与酶的结合部位相同。
③ 抑制剂浓度越大，则抑制作用越大；但增加底物浓度可使抑制程度减小。
④ 动力学参数 K_m 值增大、V_{max} 值不变。

（2）温润心灵：从抑制剂与底物竞争结合酶的活性中心的知识，引出大学生在上学期间每次考试、优秀的评选、各种文体比赛都充满竞争，毕业后找工作需要竞争，进入工作岗位更有竞争，因此每个大学生都应该随时做好迎接社会竞争的准备。

2. 非竞争性抑制作用

有些抑制剂与酶活性中心外的必需基团相结合，不影响酶与底物的结合，酶和底物的结合也不影响酶与抑制剂的结合。底物和抑制剂之间无竞争关系，但酶-底物-抑制剂复合物（ESI）不能进一步释放出产物。这种抑制作用称作非竞争性抑制作用。

非竞争性抑制作用的特点如下。

① 非竞争性抑制剂的化学结构不一定与底物的分子结构类似。
② 底物和抑制剂分别独立地与酶的不同部位相结合。
③ 抑制剂对酶与底物的结合无影响，故底物浓度的改变对抑制程度无影响。

④ 动力学参数 K_m 值不变、V_{max} 值降低。

3. 反竞争性抑制作用

（1）理论讲授：抑制剂仅与酶和底物形成的中间产物（ES）结合，使中间产物 ES 的量下降。这样既减少从中间产物转化为产物的量，也同时减少从中间产物解离出游离酶和底物的量，这种抑制作用称为反竞争性抑制作用。

反竞争性抑制作用的特点如下。

① 反竞争性抑制剂的化学结构不一定与底物的分子结构类似。

② 抑制剂与底物可同时与酶的不同部位结合。

③ 必须有底物存在，抑制剂才能对酶产生抑制作用；抑制程度随底物浓度的增加而增加。

④ 动力学参数 K_m 减小、V_{max} 降低。

（2）温润心灵：很多酶的反竞争性抑制剂是药物，某些中毒性疾病实际上就是体内某些酶直接被反竞争性抑制剂抑制的结果，因此酶反竞争性抑制机制的研究对新药物设计、发病机制和毒物作用机制的了解等都有十分重要的意义。

三、反思提升

本节课的内容为"酶促反应的动力学——抑制剂可降低酶促反应速率"，以酶的抑制作用为线索，分别从抑制剂概念、分类、各自的作用特点等几个方面构成本节课学习的知识目标。在知识讲授过程中将关爱患者、战胜苦难、爱国情怀、创新拼搏、诚信务实等思政元素贯穿其中，通过生化知识联系日常生活模块和生化联系临床模块举例，对抑制剂可降低酶促反应速率的概念、分类、特点等并结合磺胺药的抑菌作用进行讲授。任何药物都有其使用安全范围，只有在该范围内酌情用量才可以达到使用目的，磺胺类药物也不例外。让学生更好地结合生活、临床常识去学习理解生化课程，在医学理论课程中感受人文知识的熏陶，从而使学生从知识中获得真知，在学习过程中学到思辨方法，把所学铭记于心、活用于医，这便是传授生化课程的内涵所在。

第三节 肝脏能量输出贡献者——酮体的生成与利用机制探究

第一部分 教学设计

一、课程思政目标

通过贯穿"健康中国"的理念和目标，本着健康生活科学减肥的理念，关注肥胖人群以及相关并发症，帮助学生掌握酮体生成和利用的过程，将医学人文精神渗透到课程教学中。通过穿插"生酮饮食"的新型减肥方法，将批判性思维训练融入学科教学的模式，理论联系实际，以多样化的教学方法进行教学，帮助学生了解酮体的生理意义，改进学生掌握生物化学知识的方法，激发学生利用生物化学知识有意识辨明和判断的思维倾向，并且提高学生的学习兴趣。通过线上线下、多元化的教学形式和方法的应用，将充满正能量的主流价值观传递给学生，将科学育人与学科育人相结合，将医者使命感与医学价值观相结合，普及健康知识，引导团结协作，加强交流。

二、教学设计内容

（一）课前：课程思政引入

通过线上讨论"糖尿病酮症酸中毒"引出课程主要内容，本着健康生活、科学饮食、关爱患者的理念，关注糖尿病人群，并了解相关并发症。

图 3-2-5　糖尿病酮症酸中毒主题讨论

（二）课中：课程思政贯穿授课过程

通过讲授酮体的生成与利用，引导学生以小组为单位评定酮体合成的价值和意义，学生通过讨论得出肝细胞合成酮体是为了让肝外细胞氧化利用并获取能量的结论。

（1）社会新闻＋口诀归纳＋启发：以学生为中心，结合讨论、对比学习的方法，学生在掌握酮体代谢生理意义的同时，训练了从多角度考察事物合理性的技能，进一步使学生体会到酮体代谢对于维持机体稳态和功能的重要性。

（2）教师引导＋生活案例：学生通过预测酮体代谢紊乱的后果，并联系临床知识，评判并认识到通过"生酮饮食"减肥，尽管可能在一定程度上达到减肥的目的，但是也可能导致酮症的发生，严重的还可造成酮症酸中毒，甚至危及生命。

（三）课后：课程思政总结反思

采用"前沿拓展＋讨论总结"方式，通过材料的分析与讨论，使学生不仅意识到生酮饮食是治疗癫痫和某些先天代谢性疾病以及某些类型肿瘤的有效治疗方法，而且意识到在评判事物时，需要在更大的背景中检验其适用性。批判性思维是生命科学发展的动力与源泉，正是由于研究人员具有批判性思维，才使得生酮饮食、酮体代谢有了创造性的发现与价值。

第二部分　思政案例

一、思政导引

（1）视频播放：2021 年 1 月 4 日，体重约 125kg 男子节食减肥险丧命，医生建议肥胖者要当心酮症酸中毒。

（2）线上分组任务（见图 3-2-6）：引出本次课程——酮体的生成与利用，学生在完成任务后会思考什么是酮体？酮体如何生成与利用？酮体的生成与利用和减肥有何关系？如何去制定自己的减肥计划？

① 发布资料：肥胖与健康的关系。
② 发布分组任务：假如你是一个胖子，你听说了生酮减肥法，会怎么做？
③ 发布任务：制作减肥小视频，进行你的减肥计划。

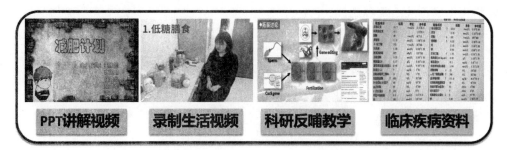

图 3-2-6　线上分组任务

贯彻"健康中国"理念，引导学生关爱身边的肥胖人群，尊重他人，科学饮食，健康减肥，养成良好的生活习惯。

二、思政融入

（一）脂肪酸在肝分解可产生酮体

1. 酮体的概念和代谢定位

（1）理论讲授

① 乙酰乙酸、β-羟丁酸、丙酮三者共同组成酮体。

② 酮体是脂肪酸在肝分解氧化时特有的中间代谢产物。

③ 代谢定位：酮体的生成在肝细胞线粒体进行；酮体的利用在肝外组织（心、肾、脑、骨骼肌等组织）线粒体进行。

（2）温润心灵：肝是人体最大的腺体，具有独特的结构，赋予肝复杂多样的生物化学功能。肝不仅在机体糖、脂质、蛋白质、维生素等物质代谢中处于中心地位，而且还具有生物转化、分泌、排泄等多方面的生理功能，永远在默默地奉献。

2. 酮体的生成

（1）理论讲授：酮体是在肝细胞线粒体中生成的，其生成原料是脂肪酸 β 氧化生成的乙酰 CoA。

① 首先是两分子乙酰 CoA 在硫解酶作用下脱去一分子辅酶 A，生成乙酰乙酰 CoA。

② 在 HMG-CoA 合酶催化下，乙酰乙酰 CoA 再与一分子乙酰 CoA 反应，生成 HMG-CoA，并释放出一分子辅酶 A。这一步反应是酮体生成的限速步骤。

③ HMG-CoA 经裂解酶催化分解为乙酰乙酸和乙酰 CoA。乙酰乙酸加氢还原成 β-羟丁酸，少量乙酰乙酸可自行脱羧生成丙酮。

（2）温润心灵：学生本人或身边是否存在具有生酮饮食习惯的人？这些人认为生酮饮食能够使机体更容易耗尽体内的葡萄糖，导致机体通过消耗脂肪来为生命活动提供能量，最终达到减脂、减肥的目的。通过引入热点话题的方法，激发学生的独立批判意识。批判性思维是创新型人才的必备素养，是培养大学生创新精神和锻造创新能力的基础条件。具备批判性思维有助于大学生形成良好的思维模式，主动地发现问题、分析问题、解决问题，从而激发出新的认识、新的观点。

3. 酮体的分解

① 骨骼肌、心肌和肾脏中有琥珀酰 CoA 转硫酶，在琥珀酰 CoA 存在时，此酶催化乙酰乙酸活化生成乙酰乙酰 CoA。

② 心肌、肾脏和脑中有硫激酶，在有 ATP 和辅酶 T 存在时，此酶催化乙酰化酸活化成乙酰乙酰 CoA。

经上述两种酶催化生成的乙酰乙酰 CoA 在硫解酶作用下，分解成两分子乙酰 CoA，乙酰 CoA 主要进入三羧酸循环氧化分解。

4. 酮体生成的生理意义

（1）理论讲授

① 酮体是肝脏输出能源的一种形式。

② 酮体可通过血脑屏障，在葡萄糖供应不足或有利用障碍时是脑组织的重要能源。

③ 酮体利用增加可减少糖的利用，有利于维持血糖水平恒定，节省蛋白质的消耗。

正常血液中酮体含量为 $0.03\sim0.5mmol/L$（$0.3\sim5mg/dL$）。在长期饥饿、糖尿病或供糖不足情况下，肝内生成酮体超过肝外利用能力时，会导致血中酮体升高，导致酮症酸中毒，引起酮尿。

（2）温润心灵：糖尿病酮症酸中毒是糖尿病最常见的急性并发症，患者体内有效胰岛素严重缺乏，组织不能有效利用葡萄糖造成血糖升高，同时脂肪分解引起高酮血症和酮尿伴代谢性酸中毒及明显脱水，严重者出现意识程度不同的障碍及昏迷，甚至导致死亡。糖尿病治疗通常采取健康生活方式（包含健康饮食、合理运动和规律作息）配合药物治疗，其中药物治疗至关重要，合理用药可有效控制患者的血糖值，避免出现糖尿病酮症酸中毒。教师在授课时把血糖的调节与酮体的生成和利用相联系，从而达到知识的融会贯通，使学生进一步认识到糖尿病并发症的严重性，为临床工作打好基础。

三、反思提升

本节课的内容为"酮体的生成与利用"，以酮体的代谢过程为线索，分别从酮体的概念和代谢定位、酮体的生成、酮体的分解、生理意义四个方面构成本次课学习的知识目标。在知识讲授过程中将实事求是、健康生活、批判性思维、团结合作等思政元素贯穿其中，将知识传授与价值引领相结合，达到知识目标与思政目标同向同行、同频共振。

课前"减肥作业"的布置和课后主题讨论发布的教学设计，提升了学生对专业知识内涵的理解，将教书与育人相结合，最终实现培育五育并举卓越医学人才的目标。

第四节 代谢之中，生命之重——氨中毒生物化学机制探究

第一部分 教学设计

一、课程思政目标

通过对氨的代谢的学习，将理论教学与探究活动紧密结合在一起，将团结、友爱、

批判、质疑等课程思政元素融入授课过程中。通过高血氨症的引入,告诫学生倡导积极健康的生活方式和乐观向上的生活态度,培养临床医学生的责任感和使命感,勇担当、守初心,共筑健康中国梦,用医学知识孕育学生"人与自然和谐发展"的人生观和价值观。

二、教学设计内容

(一)课前:课程思政引入

以著名诗人杜甫的死亡之谜导入课程内容,激发学生学习兴趣和好奇心,使学生迅速进入学习状态,告诫学生培养正确的生活态度和生活方式。

(二)课中:课程思政贯穿授课过程

以疾病为主线,以情景展示-生化机制-临床机制-临床治疗为内容,将思政贯穿于探究活动中,培养学生的临床思维和职业道德。通过对尿素循环发现的学习,培养学生学习科学家的创新精神、求实精神、奉献精神、协作精神。通过尿素循环过程的学习,培养学生的科学逻辑思维。

(三)课后:课程思政总结反思

课后以探究活动小组为单位,撰写探究活动报告,通过总结归纳,让学生在体验中懂得医者之责任与担当。

第二部分 思政案例

数字资源29:血氨的转运

数字资源30:尿素循环

一、思政导引

设疑互动:以是否了解著名诗人杜甫的诗句为切入点,引出杜甫缘由烤牛肉导致氨中毒而死的传说,从而引出氨的代谢。以问题为讨论点,激发学生学习兴趣及解决问题的欲望。

二、思政融入

(一)血氨的三个重要来源

(1)理论讲授

① 氨基酸脱氨基作用和胺类分解;

② 肠道细菌腐败作用(见图3-2-7);

③ 肾小管上皮细胞分泌(见图3-2-8)。

(2)记忆口诀:氨酸脱氨肠菌产,肾脏分解来源三;谷氨酰胺和碱基,生成尿素都在肝;肝衰氨高毒害脑,减来增去降血氨。

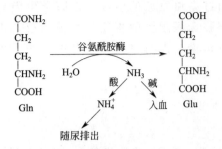

图 3-2-7 肠道对氨的吸收与肠道 pH 有关　　　图 3-2-8 肾小管上皮细胞分泌氨

(3) 温润心灵：强调血氨的三方面重要来源。联系临床，临床上对高血氨患者采用弱酸性透析液做结肠透析，而禁止用碱性的肥皂水灌肠，培养学生运用基础知识解决临床疾病问题的能力，展现医者之道。

(二) 氨在血液中的转运

(1) 理论讲授

① 丙氨酸-葡萄糖循环（见图 3-2-9）。

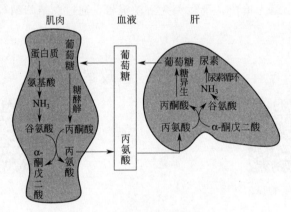

图 3-2-9 丙氨酸-葡萄糖循环

② 通过谷氨酰胺，氨从脑和骨骼肌等组织运往肝或肾（见图 3-2-10）。

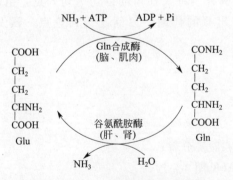

图 3-2-10 以 Gln 形式转运氨

a. 强调：谷氨酰胺既是氨的解毒产物又是氨的储存运输形式。
b. 联系临床：临床上对于氨中毒患者可服用或输入谷氨酰胺盐，以降低氨的浓度。

c. 知识拓展：为什么用天冬酰胺酶来治疗白血病？
d. 科研反哺：查找文献说明"饿死疗法"。
e. 小组讨论：此类治疗策略可以根治肿瘤吗？（见图3-2-11）

图3-2-11　小组讨论

（2）温润心灵：对教师提出的问题进行深层次思考并给出答案，对理论知识进行拓展创新，提升思维，激发学生科研兴趣，鼓励学生走进实验室。

（三）氨的去路

（1）理论讲授

① 氨的排出方式：排出方式有氨、尿素、尿酸，在肝内合成尿素是最主要的去路。
② 部位：氨的排出部位为肝。
③ 实验依据
a. 大鼠肝切片与 NH_4^+ 保温数小时，NH_4^+ 浓度下降，尿素浓度升高。
b. 加入鸟氨酸、瓜氨酸、精氨酸后，尿素浓度升高。
c. 上述三种氨基酸在结构上彼此相关，见图3-2-12。
d. 哺乳类动物肝中有精氨酸酶。

（2）温润心灵：Krebs在艰难的生存环境中仍坚持研究并取得突破成果，提出尿素循环和TCA循环两个重要的代谢循环，获得诺贝尔奖。培养学生坚持不懈的科研精神，告诫学生要心怀理想、不畏困难、勇于探究真理。

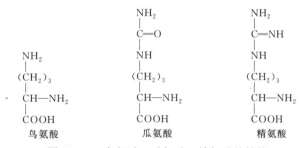

图3-2-12　鸟氨酸、瓜氨酸、精氨酸的结构

新的科研成果的获得往往建立在科学家们对正确的思路和研究方法的选择之上。尿素循环的发现同样源于实验的巧妙设计以及对实验结果和已有知识的综合分析。培养学生学习科学家们勇攀高峰、敢为人先的创新精神，追求真理、严谨治学的求实精神，淡泊名利、潜心

研究的奉献精神，集智攻关、团结协作的协同精神。

(四) 尿素循环的反应步骤（见图 3-2-13）

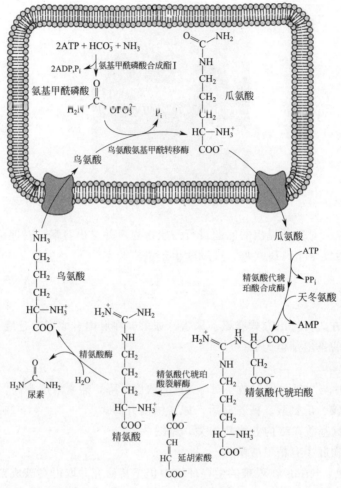

图 3-2-13 尿素循环

(1) 理论讲授

① 在肝细胞线粒体中由 1 分子 NH_3 和 1 分子 CO_2 在氨甲酰磷酸合成酶 I 催化下生成氨基甲酰磷酸。

② 氨甲酰磷酸和进入线粒体的鸟氨酸在鸟氨酸氨甲酰转移酶催化下生成瓜氨酸。

③ 生成的瓜氨酸转运出线粒体而进入细胞质，在精氨酸代琥珀酸合成酶催化下，与天冬氨酸缩合成精氨酸代琥珀酸。

④ 精氨酸代琥珀酸裂解酶催化精氨酸代琥珀酸裂解成精氨酸和延胡索酸。

⑤ 精氨酸经精氨酸酶催化，分解为尿素和鸟氨酸。鸟氨酸可进入线粒体再参与循环，尿素则扩散入血，随尿排出。

从尿素生成过程可见，尿素分子中的一个氨基来自游离氨，可由氨基酸脱氨基而来或更多的由消化道吸收而来；另一个氨基来自天冬氨酸，但是各种氨基酸通过连续转氨基作用，均可最终将氨基转移到草酰乙酸而生成天冬氨酸参与循环。

（2）角色扮演：以肝性脑病为例引入氨中毒，进而探究其生物化学机制与临床机制（见图 3-2-14），形象直观；通过学生展示，激发学生的学习兴趣。

图 3-2-14　肝性脑病的情景展示

（3）小组展示：讲授线上问题及视频复习并进行汇报（见图 3-2-15）。

图 3-2-15　小组展示

（4）温润心灵：将探究活动融入理论知识学习中，融入团结、合作、批判等思政元素，通过尿素循环反应过程的学习，培养学生分析、归纳、总结问题的能力，认识事物间的联系性，培养科学逻辑思维。

(五) 尿素生成障碍可引起高血氨症或氨中毒

（1）理论讲授：肝功能严重损伤或尿素合成相关酶有遗传性缺陷时，都可导致尿素合成发生障碍。

高血氨症可引起脑功能障碍，称氨中毒。

氨中毒的可能机制：

① 高血氨可减少脑内 α-酮戊二酸，导致能量代谢障碍。

② 脑星状细胞内 Gln 增多，可导致水分渗入细胞，引起脑水肿。

③ Glu 以及由 Glu 产生的 γ-氨基丁酸都是主要的信号分子。过多 Glu 用于合成 Gln，可导致脑内 Glu 和 γ-氨基丁酸减少，影响脑功能。

（2）线下创意作用＋笔记绘制＋小组课后总结：将三羧酸循环和尿素循环联系在一起，启发学生的创新思维，进一步构建知识平台体系；启发学生思考，将前后知识串联，梳理出清晰脉络,完成知识的内化,纵向考查学生对本节课所学知识的掌握情况,并通过对比发现问题(见图 3-2-16)。

图 3-2-16 小组总结

(3)温润心灵:通过疾病的发病机制与治疗推导生物化学异常机制,让学生懂得医者之责任与担当;通过思维导图绘制进行知识梳理与复习总结,培养分析、归纳、总结问题的能力,培养科学逻辑思维。

三、反思提升

通过对氨的代谢的课堂学习及课后作业,深入发掘思政点,将思政元素融入整个教学过程,培养学生分析、归纳、总结问题的能力,学习科学家的精神,树立科学、正确、积极的世界观和价值观,培养临床思维。

第五节 突出重围,传播正能量——氧化磷酸化抑制因素的作用机制探究

第一部分 教学设计

一、课程思政目标

通过讲述体内氧化磷酸化抑制因素的作用机制相关内容,使学生能够认识生命的本质,培养学生和而不同的和谐观,正直善良、爱岗敬业、遵纪守法的价值观。引导当代大学生做一个正能量的人,与正能量的人做朋友,在彼此的交流中,让正能量汇聚成一股更大的向上力量,从而使大学生活更加积极向上。

二、教学设计内容

(一)课前:课程思政引入

以社会事件引起学生兴趣,引发学生思考,激励医学专业的学生,使学习者构建起广博而灵活的知识基础,培养有效理解、分析和解决问题的能力,使医学生认识到医生职业角色,唤醒职业力量,凸显医者仁心的重要性。

(二)课中:课程思政贯穿授课过程

在课堂上对于各种影响氧化磷酸化速率的因素进行讲解,通过真实的情景再现,培养学

生认真务实的医学精神和细致耐心的医学素养。将理论讲授的知识与具体的实践操作相结合,一方面"氧化磷酸化影响因素的探究"让学生更深刻理解专业知识的内涵与本质;另一方面通过小组团结协作,真正通过体验去理解诚信公正、团结友爱、医者之责任与使命,使内在情感得到深化与升华,做到知行合一、内化于心、外化于行。通过学生线上任务的完成,在课堂上以健康中国为主题,以小组讨论、游戏抢答的形式对学生任务完成的程度进行检测,一方面了解阿尔茨海默病的专业知识;另一方面从国家战略角度出发,将专业小课堂与社会大课堂、思政大课堂紧密结合。

(三) 课后:课程思政总结反思

布置拓展任务,让学生体会中国精神,重塑学生的民族自信,培养爱国情怀。

第二部分　思政案例

一、思政导引

(1) 社会事件:1994 年辽宁 11.27 火灾,舞厅起火致 233 人丧生,求生通道不足一米……辽宁阜新市艺苑歌舞厅的规模不大,平时最多只能容纳 140 人,11 月 27 日这天一共进去了 304 人。有人点燃香烟后随手将引燃香烟的报纸丢在角落里,没想到这张带着火星的报纸点燃了沙发。沙发被点燃后火苗越来越大,歌舞厅里的所有装饰材料都不防火;墙上还有大量化纤的装饰布以及泡沫,这些易燃易爆品很快就被大火点燃了。等有人发现舞厅里着火的时候,上百人开始朝出口逃生。由于歌舞厅只有一个进出口,想从舞厅里出来还要经过两道窄门,窄门的宽度还不足一米,只能允许一个人通过。大量人员同时往门口跑,造成了严重的堵塞和踩踏,大火却越烧越大……(见图 3-2-17)

数字资源 31:氧化磷酸化影响因素

图 3-2-17　辽宁 11.27 火灾

(2) 以问激思:向同学们介绍"1994 年辽宁 11.27 火灾事件"的新闻引出本次课——氧化磷酸化的影响因素,引导同学们思考:火灾的主要原因是什么?火灾导致人死亡的主要原因是什么?火灾与氧化磷酸化的影响因素相关性为何?这起事件带给我们的警示是什么?

(3) 温润心灵:这起震惊国内外的恶性事件令人痛心,教师授课时由此社会事件导入课程内容,告诉将来作为医生的医学生:人最宝贵的是生命,没有生命,一切无从谈起。安全责任，就是生命的保护神！

二、思政融入

（一）体内能量状态调节氧化磷酸化速率

机体根据能量需求调节氧化磷酸化速率，从而调节 ATP 的生成量。电子的氧化和 ADP 的磷酸化是氧化磷酸化的根本，通常线粒体中氧的消耗量是被严格调控的，其消耗量取决于 ADP 的含量，因此 ADP 是调节机体氧化磷酸化速率的主要因素。只有 ADP 和 Pi 充足时，电子传递的速率和耗氧量才会提高。

（1）启发思考：细胞内 ADP 的浓度以及 ATP/ADP 的比值能够迅速感应机体能量状态的变化。当机体蛋白质合成等耗能代谢反应活跃时，对能量的需求大为增加，ATP 分解为 ADP 和 Pi 的速率增加，使 ATP/ADP 的比值降低、ADP 的浓度增加，ADP 进入线粒体后迅速用于磷酸化，氧化磷酸化随之加速，合成的 ATP 用于满足需求，直到 ATP/ADP 的比值回升至正常水平后，氧化磷酸化速率也随之放缓。通过这种方式使 ATP 的合成速率适应机体的生理需要。另外，ATP 和 ADP 的相对浓度也同时调节糖酵解、三羧酸循环途径，满足氧化磷酸化对 NADH 和 $FADH_2$ 的需求。此外 ATP 的浓度较高时，氧化磷酸化速率会降低，是因为 ATP 通过别构调节的方式抑制糖酵解、降低三羧酸循环的速率，协同调节产能的相关途径。

（2）温润心灵："正能量"一词我们都很熟悉，其网络意思是指一切给予人向上、给予人希望和追求、使人行动的动力和感情。当代大学生都应该做一个正能量的人，同时还应当与正能量的人做朋友，在彼此的交流中，让正能量汇聚成一股更大的向上力量，从而使大学生活更加积极向上。具体到大学生活中，正能量也涵盖了很多的含义：例如关注社会公益事业，投身社会实践；面对挫折和生活中的不如意，能够百折不挠，用积极的心态面对；在学习中，能够坚持不懈、刻苦努力、持之以恒；做一个有担当的人，能够明白自己肩负的重任、父母的期望和社会的期许。

（二）呼吸链抑制剂阻断电子传递链

此类抑制剂能在特异部位阻断线粒体呼吸链中的电子传递、降低线粒体的耗氧量，阻断 ATP 的产生。例如，鱼藤酮、粉蝶霉素 A 及异戊巴比妥等可抑制复合体Ⅰ，从而阻断电子从铁硫中心到泛醌的传递。萎锈灵是复合体Ⅱ的抑制剂。抗霉素 A 阻断电子从 Cyt b 到 Qn 的传递，是复合体Ⅲ的抑制剂。CN^-、N^{3-} 紧密结合氧化型 Cyt a_3，阻断电子由 Cyt a 到 CuB-Cyt a_3 传递。CO 与还原型 Cyt a_3 结合，阻断电子传递给 O_2（见图 3-2-18）。

承上启下：许多室内的火灾事故，氰化物中毒是引起死亡的原因之一。由于舞厅装饰材料中的化学物质经高温处理后形成 HCN，CN^- 和细胞色素氧化酶结合，阻断整个电子传递过程，使能量代谢受阻，细胞呼吸停止，导致多人因缺乏能量而死亡。

（三）解偶联剂阻断 ADP 的磷酸化

解偶联剂可使氧化与磷酸化的偶联分离，电子可沿呼吸链正常传递，但建立的质子电化学梯度被破坏，不能驱动 ATP 合酶来合成 ATP。如 2,4-二硝基苯酚（dinitrophenol, DNP）为脂溶性物质，在线粒体内膜可自由移动，进入基质时释出 H^+，返回细胞质侧时结合 H^+，从而破坏了 H^+ 的电化学梯度，无法驱动 ATP 的合成（见图 3-2-19）。

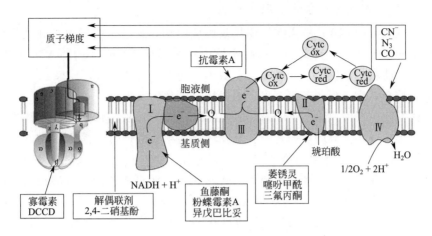

图 3-2-18　氧化磷酸化抑制剂

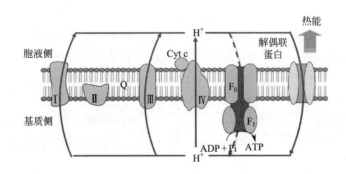

图 3-2-19　解偶联剂

临床应用：新生儿体内有一种特有的组织——棕色脂肪，新生儿在寒冷环境下，散热量增加，棕色脂肪大量消耗后，体温会发生下降，即便出现严重感染，体温也难以上升。这些因素容易造成患儿皮下脂肪凝固变硬，毛细血管扩张增加渗透性，出现水肿，最终发生硬肿症。早产儿、低体重儿、窒息、重症感染等易发生新生儿硬肿症。

(四) ATP 合酶的抑制剂同时抑制电子传递及 ATP 生成

ATP 合酶的抑制剂对电子传递及 ADP 磷酸化均有抑制作用。例如寡霉素、二环己基碳二亚胺（dicyclohexyl carbodiimide，DCCD）均可结合 F_0，阻断 H^+ 从 F_0 质子半通道回流，抑制 ATP 合酶活性。由于线粒体内膜两侧质子电化学梯度增高能够影响呼吸链组分的质子泵功能，因此也会抑制电子的传递过程。另外，抑制氧化磷酸化会降低线粒体对氧的需求，氧的消耗会减少。

(五) 甲状腺素促进氧化磷酸化和产热

机体的甲状腺激素可促进细胞膜上 Na^+，K^+-ATP 酶的表达，使 ATP 加速分解为 ADP 和 Pi，ADP 浓度增加而促进氧化磷酸化。另外，甲状腺素可诱导解偶联蛋白基因表达，使氧化释能和产热比率均增加，ATP 合成减少，导致机体耗氧量和产热同时增加，所以甲状腺功能亢进症病人基础代谢率较高。

（六）线粒体 DNA 突变影响氧化磷酸化功能

线粒体 DNA（mtDNA）呈裸露的环状双螺旋结构，缺乏蛋白质保护和损伤修复系统，容易受到损伤而发生突变，其突变率远高于核内的基因组 DNA。mtDNA 突变造成的功能障碍易出现在耗能较多的组织，如骨骼肌、脑等。随着年龄的增长，如果 mtDNA 突变严重累积，可导致帕金森病、阿尔茨海默病、糖尿病等疾病的发生。

拓展延伸：阿尔茨海默病（Alzheimer's disease，AD）是一种渐进性大脑退行性疾病，是当今威胁老年人身心健康的疾病之一。其发病率随年龄增长而显著升高，65～80 岁人群约为 1%～5%，80 岁以上者可达 20%～40%。随着社会工业化进程加快，人口老龄化现象也逐渐加剧。面对我国人口的老龄化趋势，阿尔茨海默病也将成为严重的社会和医学问题，必须引起社会的高度重视。"老吾老，以及人之老；幼吾幼，以及人之幼"，作为正在接受高等教育的大学生尊敬老人，关爱阿尔茨海默病患者，传达社会对弱势群体进行人文关怀的理念是义不容辞的。

三、反思提升

探究报告：探究氧化磷酸化的影响因素，探讨其影响的生物化学机制与本质，能分析并解释与临床疾病的相关性，培养学生的逻辑思维和临床思维能力（见图 3-2-20）。

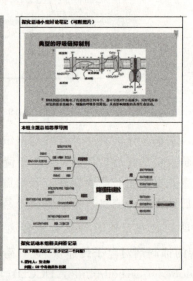

图 3-2-20　氧化磷酸化影响因素探究报告

本节课的内容为"氧化磷酸化的影响因素"，以一则火灾事件导入课程内容，体内能量状态调节氧化磷酸化速率、呼吸链抑制剂阻断电子传递链、解偶联剂阻断 ADP 的磷酸化、ATP 合酶的抑制剂同时抑制电子传递和 ATP 生成、甲状腺素促进氧化磷酸化和产热及线粒体 DNA 突变影响氧化磷酸化功能等构成本次课学习的知识目标。在知识讲授过程中将关爱患者、战胜苦难、爱国情怀、创新拼搏、诚信务实等思政元素贯穿其中，将知识传授与价值引领相结合，达到知识目标与思政目标同向同行、同频共振。随着社会工业化进程加快，人口老龄化现象也逐渐加剧。面对我国人口的老龄化趋势，阿尔茨海默病也将成为严重的社会和医学问题，必须引起社会的高度重视。

第六节 一个好汉，三个帮——操纵子学说作用机制探究

第一部分 教学设计

一、课程思政目标

通过讲述基因表达调控的概念及特点、操纵子的结构、乳糖操纵子的调节机制、色氨酸操纵子的调节机制，培养学生分析问题、解决问题和沟通表达能力及创新思维。引导学生明白，能力再强的人也需要其他人的帮忙，因为人并不是全能的，一个人的成功同样需要团队成员的合作和帮助。

二、教学设计内容

（一）课前：课程思政引入

以诺贝尔奖的概念引起学生兴趣，引发学生思考，弘扬科学家们探究科学真理和坚忍不拔的精神，以激励学生汲取榜样的力量，形成内在的学习动力。

（二）课中：课程思政贯穿授课过程

课堂上对基因表达调控的概念及特点、操纵子的结构、乳糖操纵子的调节机制、色氨酸操纵子的调节机制等进行讲授，并与操纵子模型的提出相联系，让学生能更好地结合生活、临床疾病治疗常识去学习理解生物化学课程。在教学中，穿插一些生物化学史上科学家探索真理、不懈奋斗的故事，鼓励同学们克服学习中的困难、勤奋学习、不负韶华。授课时注意把爱国主义精神、社会主义核心价值观、中华民族优秀传统文化、马克思主义、科学精神、批判性思维、社会责任等思政元素融入其中。

（三）课后：课程思政总结反思

完成探究报告，让学生体会团结合作、严谨求实、探索创新的科研精神。

第二部分 思政案例

数字资源4：
乳糖操纵子

一、思政导引

诺贝尔奖之路：20世纪50年代末，生物学家们揭示了从遗传信息到DNA传递的蛋白质规律中心法则，此后科学家们一直在探索究竟何种机制调控着遗传信息的传递。

操纵子学说最早由法国巴斯德研究院（Pasteur Institute）的雅各布（F. Jacob）和莫诺（J. Monod）于1961年提出，两人因此获得了1965年诺贝尔生理学或医学奖，从而开创了在分子水平上认识基因表达调控机制的新领域，引出本节课——基因表达调控。

二、思政融入

雅各布是法国著名细菌遗传学家和分子生物学家，和莫诺于1961年首次提出解释原核

生物基因表达调控的操纵子模型，两人因此与利沃夫分享了1965年诺贝尔生理学或医学奖。20世纪50年代末和60年代初，雅各布还先后探索细菌溶源机制，提出并证明mRNA假说，提出复制子模型等。70年代后将研究拓展到真核生物，这些成就极大地推动了分子生物学的快速发展。雅各布有许多发现被写入教科书，是分子生物学奠基人之一。通过讲述科学家的故事，激发学生献身生物学研究的热情。

基因表达调控的研究，使得人们了解到多细胞生物是如何从一个受精卵及所具有的一套遗传信息的基因组，最终形成具有不同形态功能的多组织、多器官个体。

(一) 基因表达调控的概念及特点

（1）理论讲授：从遗传学讲，基因是位于染色体上的遗传基本单位或单元，具有编码RNA或多数情况下编码多肽的信息单位。从分子生物学角度来看，基因是负载特定遗传信息的DNA片段。基因组是来自一个生物体的一整套遗传物质。

基因表达是基因转录及翻译的过程，也是基因所携带的遗传信息表现为表型的过程，包括基因转录成互补的RNA序列，对于蛋白质编码基因，mRNA继而翻译成多肽链，并装配加工成最终的蛋白质产物。

所有生物的基因表达都具有严格的规律性，即表现为时间特异性和空间特异性。生物物种愈高级，基因表达规律愈复杂、愈精细，这是生物进化的需要。

不同种类的生物遗传背景不同，同种生物不同个体生活环境不完全相同，不同的基因功能和性质也不相同。因此，不同的基因对生物体内、外环境信号刺激的反应也不同。有些基因在生命全过程中持续表达，有些基因的表达则受环境影响，基因表达的方式存在多样性并且生物体内不同基因的表达受到协同调节。

无论是原核生物还是真核生物，基因表达调控体现在基因表达的全过程，即在RNA转录合成和蛋白质翻译两个阶段都有调控其表达的机制。因此，基因表达的调控是多层次的复杂过程，改变其中任何环节均会导致基因表达的变化。尽管基因表达调控可发生在遗传信息传递过程中的任何环节，但发生在转录水平，尤其是转录起始水平的调节，对基因表达起着至关重要的作用，即转录起始是基因表达的基本控制点。

（2）温润心灵：基因表达调控刚好印证了"物竞天择，适者生存"，在社会上生存，需要不断适应社会环境，不断调整自己，坚定自己的理想信念和奋斗方向，努力拼搏，才能实现自我价值。

(二) 操纵子结构

操纵子是原核基因转录调控的基本单位，调节的主要环节是在转录起始因子与RNA聚合酶特异性识别转录起始位点的阶段。因子识别特异启动子，不同的因子决定特异基因的转录激活。

（1）启发思考：原核生物大多数基因表达调控是通过操纵子机制来实现的。原核生物绝大多数基因按功能相关性成簇串联、密集于染色体上，共同组成一个转录单位——操纵子。一个操纵子只含一个启动子及数个可转录的编码基因，可转录出多顺反子mRNA。原核基因的协调表达就是通过调控单个启动基因的活性来完成的。

（2）着重强调：启动子是RNA聚合酶和各种调控蛋白作用的部位，是决定基因表达效率的关键元件。各种原核基因启动序列特定区域内，通常在转录起始点上游-10及-35区域存在一些相似序列，称为共有序列。E.coli及一些细菌的共有序列在-10区域是TATAAT，在-35区域为 TTGACA，共有序列决定启动序列的转录活性大小。

操纵序列——阻遏蛋白的结合位点。当操纵序列结合有阻遏蛋白时，会阻碍 RNA 聚合酶与启动序列的结合，或是 RNA 聚合酶不能沿 DNA 向前移动，阻碍转录。

（3）温润心灵：1961年在法国，科学家莫诺（Jacques Lucien Monod）熟悉生物化学方法和手段，而雅各布（Franeois Jacob）掌握了新兴的细菌遗传学基本操作，二人的合作使他们各自优势实现了最大化，两位科学家提出解释大肠杆菌乳糖代谢相关基因表达调控的"操纵子模型"，随后在细菌中又鉴定出多种操纵子。"一个篱笆三个桩，一个好汉三个帮"，能力再强的人也需要其他人的帮忙，因为人并不是全能的，一个人的成功同样需要团队成员的合作和帮助。小组讨论法是一种重要的教学方法，而一个小组就是一个团体，每个成员在学习课程内容的基础上也锻炼了团队协作能力、沟通能力、表达能力等多种能力。

（三）乳糖操纵子的调节机制

（1）理论讲授：乳糖操纵子是典型的诱导型调控。乳糖操纵子受阻遏蛋白和 CAP 的双重调节，一是阻遏蛋白的负性调节，二是 CAP 的正性调节，两种机制协同调节（见图3-2-21）。

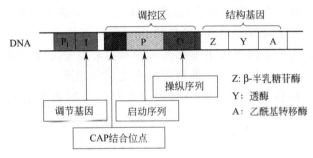

图 3-2-21　乳糖操纵子结构

① 阻遏蛋白的负性调节（见图3-2-22）。

无乳糖存在时，阻遏物可以结合在操纵基因上→阻止转录过程→基因关闭。

有乳糖存在时，乳糖→别乳糖与阻遏物结合→阻遏物变构→阻遏物不能结合操纵基因→转录进行→基因开放。

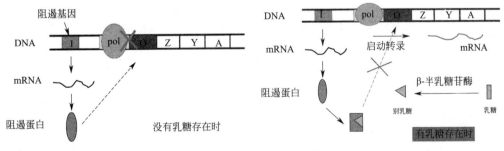

图 3-2-22　阻遏蛋白负性调节

② CAP 的正性调节（见图3-2-23）。

有葡萄糖存在时，cAMP↓→cAMP - CAP 复合物↓→正调控作用↓→基因表达减弱。

无葡萄糖存在时，cAMP↑→cAMP - CAP 复合物↑→正调控作用↑→基因表达增强。

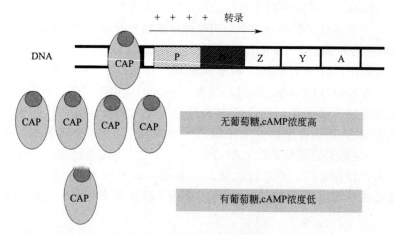

图 3-2-23　CAP 的正性调节

③ 协同调节。

当阻遏蛋白封闭转录时，CAP 对该系统不能发挥作用。

如无 CAP 存在，即使没有阻遏蛋白与操纵序列结合，操纵子转录活性也低。

（2）温润心灵：通过阻遏蛋白和 CAP 的共同作用对乳糖操纵子进行调控，启迪学生任何事物在发展过程中，都呈现出不平衡和平衡两种状态，事物在不平衡和平衡两种状态相互交替、对立统一中发展，是事物发展变化的普遍规律。另外启示学生要实现自身价值，一定要相互协作，具有团队精神和协作精神，感悟唯宽可以容人、唯厚可以载物。

（四）色氨酸操纵子的调节机制

原核生物体积小，受环境影响大，在生存过程中需要最大限度地减少能源消耗，对非必需氨基酸都尽量关闭其编码基因。例如，只要环境中有相应的氨基酸供应，大肠杆菌就不会自己去合成，而会将相应氨基酸的合成代谢酶编码基因全部关闭。大肠杆菌色氨酸操纵子就是一个阻遏操纵子。当细胞内无色氨酸时，阻遏蛋白不能与操纵序列结合，因此色氨酸操纵子处于开放状态，结构基因得以表达。当细胞内色氨酸浓度较高时，色氨酸作为阻遏物与阻遏蛋白形成复合物并结合到操纵序列上，关闭色氨酸操纵子，停止表达用于合成色氨酸的各种酶。

色氨酸操纵子的有效关闭还有一种属于促进已经开始转录的 mRNA 合成终止的方式来进一步加强，这种方式称为转录衰减，即色氨酸操纵子还可通过转录衰减的方式抑制基因表达。这种作用是利用原核生物中转录与翻译过程偶联进行，转录时先合成的一段前导序列 L 来实现的。

三、反思提升

以小组为单位，对知识进行总结归纳并撰写探究报告，培养学生团结协作、运用知识来解决和分析问题的能力（见图 3-2-24）。

本节课的内容为"基因表达调控"，通过讲述操纵子模型的提出导入课程内容，分别以基因表达调控的概念及特点、操纵子的结构、乳糖操纵子的调节机制、色氨酸操纵子的调节机制构成本次课学习的知识目标。在生物化学学习目标中，除认知目标和能力目标外，还应

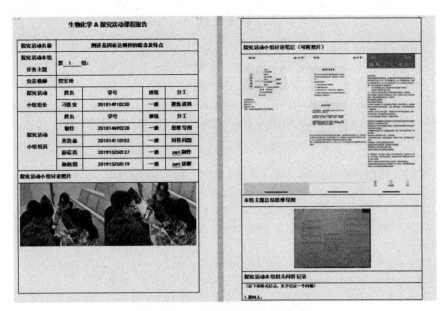

图 3-2-24 基因表达调控探究报告

纳入育人目标并明确其应达到的预期成果。其中,认知目标以知识传授和技能培养为主,能力目标以批判性思维和创新思维培养为主,而育人目标则重在对学生进行思想引领与价值塑造,特别是理想信念教育、道德品质、专业伦理等。

参考文献

[1] 查锡良. 生物化学与分子生物学 [M]. 9版. 北京：人民卫生出版社，2018.
[2] 杨荣武，杜希华，杨艳. 生物化学原理 [M]. 3版. 北京：高等教育出版社，2018.
[3] 于秉治. 图表生物化学 [M]. 北京：中国协和医科大学出版社，2008.
[4] Yu Hong, Huang XinXing. Experimental Manual in Medical Biochemistry [M]. 武汉：武汉大学出版社，2008.
[5] 国家药典委员会. 中华人民共和国药典临床用药须知 化学药和生物制品卷（2005年版）[M]. 北京：中国医药科技出版社，2011.
[6] 解军，侯筱宇. 生物化学 [M]. 2版. 北京：高等教育出版社，2020.
[7] 李元宏，张奖添. 基础生物化学与临床 [M]. 天津：天津科学技术出版社，2017.
[8] 夏俊，段巧玲. 医学生物化学实验与习题指导 [M]. 合肥：中国科学技术大学出版社，2016.
[9] 姚黎英，孙荫众，张金凤，等. 大医精诚 医德与医学人文教育 [M]. 北京：中国文史出版社，2015.
[10] 王键，刘新跃. 医学与人文 以改革创新精神推进医药院校哲学社会科学繁荣发展 [M]. 合肥：安徽大学出版社，2011.
[11] 刘虹. 诺贝尔医学奖传奇 [M]. 南京：东南大学出版社，2012.
[12] 郭豫斌. 诺贝尔生理学或医学奖明星故事 [M]. 西安：陕西人民出版社，2009.
[13] 申杰，王净净. 医学科研思路与方法 [M]. 北京：中国中医药出版社，2016.
[14] 加兰·E·艾伦. 20世纪的生命科学史 [M]. 田洺，译. 上海：复旦大学出版社，2000.
[15] 刘荣梅，李海涛. 生命科学之生物化学代谢规律及合成机理探究 [M]. 北京：中国纺织出版社，2018.
[16] 杨荣武. 分子生物学 [M]. 南京：南京大学出版社，2017.